中华译学倡立信守与

以中华为根　译与学并重

弘扬优秀文传　促进中外交流

拓展精神疆域　驱动思想创新

丁酉年冬月许钧撰　罗卫东书

"十四五"时期国家重点出版物出版专项规划项目

中华译学馆·中华翻译研究文库

许 钧◎总主编

中国文学译介与中外文学交流

中国当代作家访谈录

高 方◎编著

ZHEJIANG UNIVERSITY PRESS
浙江大学出版社
·杭州·

图书在版编目（CIP）数据

中国文学译介与中外文学交流：中国当代作家访谈
录 / 高方编著. — 杭州：浙江大学出版社，2023.3
（中华翻译研究文库 / 许钧总主编）
ISBN 978-7-308-23433-7

Ⅰ. ①中… Ⅱ. ①高… Ⅲ. ①中国文学－文学翻译－
文集②中国文学－文化交流－文集 Ⅳ. ①I046-53
②I206-53

中国版本图书馆 CIP 数据核字（2022）第 255606 号

中国文学译介与中外文学交流
——中国当代作家访谈录

高　方　编著

出　品　人　褚超孚
丛书策划　陈　洁　包灵灵
责任编辑　包灵灵
责任校对　田　慧
封面设计　程　晨
出版发行　浙江大学出版社
　　　　　（杭州天目山路 148 号　邮政编码 310007）
　　　　　（网址：http://www.zjupress.com）
排　　版　浙江时代出版服务有限公司
印　　刷　杭州高腾印务有限公司
开　　本　710mm×1000mm　1/16
印　　张　12
字　　数　258 千
版 印 次　2023 年 3 月第 1 版　2023 年 3 月第 1 次印刷
书　　号　ISBN 978-7-308-23433-7
定　　价　58.00 元

浙江大学出版社市场运营中心联系方式：0571-88925591；http://zjdxcbs.tmall.com

总　序

　　改革开放前后的一个时期，中国译界学人对翻译的思考大多基于对中国历史上出现的数次翻译高潮的考量与探讨。简言之，主要是对佛学译介、西学东渐与文学译介的主体、活动及结果的探索。

　　20世纪80年代兴起的文化转向，让我们不断拓宽视野，对影响译介活动的诸要素及翻译之为有了更加深入的认识。考察一国以往翻译之活动，必与该国的文化语境、民族兴亡和社会发展等诸维度相联系。30多年来，国内译学界对清末民初的西学东渐与"五四"前后的文学译介的研究已取得相当丰硕的成果。但进入21世纪以来，随着中国国力的增强，中国的影响力不断扩大，中西古今关系发生了变化，其态势从总体上看，可以说与"五四"前后的情形完全相反：中西古今关系之变化在一定意义上，可以说是根本性的变化。在民族复兴的语境中，新世纪的中西关系，出现了以"中国文化走向世界"诉求中的文化自觉与文化输出为特征的新态势；而古今之变，则在民族复兴的语境中对中华民族的五千年文化传统与精华有了新的认识，完全不同于"五四"前后与"旧世界"和文化传统的彻底决裂与革命。于是，就我们译学界而言，对翻译的思考语境发生了根本性的变化，我们对翻译思考的路径和维度也不可能不发生变化。

变化之一，涉及中西，便是由西学东渐转向中国文化"走出去"，呈东学西传之趋势。变化之二，涉及古今，便是从与"旧世界"的根本决裂转向对中国传统文化、中华民族价值观的重新认识与发扬。这两个根本性的转变给译学界提出了新的大问题：翻译在此转变中应承担怎样的责任？翻译在此转变中如何定位？翻译研究者应持有怎样的翻译观念？以研究"外译中"翻译历史与活动为基础的中国译学研究是否要与时俱进，把目光投向"中译外"的活动？中国文化"走出去"，中国要向世界展示的是什么样的"中国文化"？当中国一改"五四"前后的"革命"与"决裂"态势，将中国传统文化推向世界，在世界各地创建孔子学院、推广中国文化之时，"翻译什么"与"如何翻译"这双重之问也是我们译学界必须思考与回答的。

综观中华文化发展史，翻译发挥了不可忽视的作用，一如季羡林先生所言，"中华文化之所以能永葆青春"，"翻译之为用大矣哉"。翻译的社会价值、文化价值、语言价值、创造价值和历史价值在中国文化的形成与发展中表现尤为突出。从文化角度来考察翻译，我们可以看到，翻译活动在人类历史上一直存在，其形式与内涵在不断丰富，且与社会、经济、文化发展相联系，这种联系不是被动的联系，而是一种互动的关系、一种建构性的力量。因此，从这个意义上来说，翻译是推动世界文化发展的一种重大力量，我们应站在跨文化交流的高度对翻译活动进行思考，以维护文化多样性为目标来考察翻译活动的丰富性、复杂性与创造性。

基于这样的认识，也基于对翻译的重新定位和思考，浙江大学于 2018 年正式设立了"浙江大学中华译学馆"，旨在"传承文化之脉，发挥翻译之用，促进中外交流，拓展思想疆域，驱动思想创新"。中华译学馆的任务主要体现在三个层面：在译的层面，推出包括文学、历史、哲学、社会科学的系列译丛，"译入"与"译出"互动，积极参与国家战略性的出版工程；在学的层面，就翻译活动所涉及的重大问题展开思考与探索，出版系列翻译研究丛书，举办翻译学术会议；在中外文化交流层面，举办具有社会影响力的翻译家论坛，思想家、作家与翻译家对话等，以翻译与文学为核心开展系列活动。正是在这样的发展思路下，我们与浙江大学出版社合作，集合全国译学界的力量，推出具有学术性与开拓性的"中华翻译研究文库"。

积累与创新是学问之道，也将是本文库坚持的发展路径。本文库为开放性文库，不拘形式，以思想性与学术性为其衡量标准。我们对专著和论文（集）的遴选原则主要有四：一是研究的独创性，要有新意和价值，对整体翻译研究或翻译研究的某个领域有深入的思考，有自己的学术洞见；二是研究的系统性，围绕某一研究话题或领域，有强烈的问题意识、合理的研究方法、有说服力的研究结论以及较大的后续研究空间；三是研究的社会性，鼓励密切关注社会现实的选题与研究，如中国文学与文化"走出去"研究、语言服务行业与译者的职业发展研究、中国典籍对外译介与影响研究、翻译教育改革研究等；四是研究的（跨）学科性，鼓励深入系统地探索翻译学领域的任一分支领域，如元翻译理论研究、翻译史研究、翻译批评研究、翻译教学研究、翻译技术研究等，同时鼓励从跨学科视角探索翻译的规律与奥秘。

青年学者是学科发展的希望，我们特别欢迎青年翻译学者向本文库积极投稿，我们将及时遴选有价值的著作予以出版，集中展现青年学者的学术面貌。在青年学者和资深学者的共同支持下，我们有信心把"中华翻译研究文库"打造成翻译研究领域的精品丛书。

许　钧

2018 年春

前　言

约两百年前，歌德基于德意志文化构建的历史语境，基于自身的文学交流实践和对文学关系的思考，阐发了关于世界文学的构想，其相关论述虽散见于1827—1831年的书信、日记、谈话、公共演讲、评论文章之中，但内涵丰富，其中包含的人文主义立场，对于文学普遍性和特殊性的辩证思考、对于翻译在构建跨国文学关系中发挥的重要作用、对于同时代文学的积极互动与共存等一系列具有启发意义的论述，为后世学者留下了多元的阐释空间，对于当下我们思考中外文学关系和文学交流仍具有积极的现实意义。

我于2004年开始从事中法文学关系研究，研究的起点始于博士论文选题。当年，中国文化"走出去"战略刚刚实施，中法两国互办文化年，法国是中国在海外首次举办文化年的国家，以"古老的中国、多彩的中国、现代的中国"为主题，举行了一系列活动，以文学为媒介的文化交流成为法国了解中国传统与现实、思想与文化的重要窗口。在中国为主宾国、"中国文学"为主题的第 24 届巴黎图书沙龙上，莫言、李锐、韩少功、余华、苏童、毕飞宇、格非、阿来等当代作家代表集体亮相，鲁迅、巴金、老舍等现代文学巨匠的译作齐列于展台之上，以书为媒，以多样的活动交流为契机，中国文学作为现象和话题频频出现于媒体和大众视野，中国文学在法国的翻译、出版和传播也呈现出 21 世纪的第一个高潮。出于对该现象的密切关注，同时也希望能继续深耕拓展钱林森等学者开启的中法文学交流研究领域，在导师许钧教授和雅克·奈夫斯教授的共同指导下，我选定了中国现代文学在法国的翻译和接受这个课题，对中国现代文学在法国的译介历史、传播路径、接受效果以及影响译介活动的制约因素等开展研究。在通过史料挖掘、事实梳理以清晰呈现译介活动发展脉络的基础上，我也试图从经验、规律、学理和方法层面阐释中国现当代文学在海外的译介与传播和中外文学交流机制的关系，以探讨中国文学在世界文学图景中的方位与影响。在研究过程中，在思考与厘清中国现当代文学相较于中国古典文学在域外流播中在主体、形式、途径与影响等方面呈现的特殊性这一问题时，歌德"世界文学"构想中的"当代性"（contemporanéité）思想给了我很大的启发。

歌德"世界文学"观念中呈现的"当代性"，与民族文学或国别文学史意义上的以时代性和价值性为主要所指的"当代性"内涵有所不同，它指向的是一种文学的"间性"关系，如法国译论家贝尔曼所总结的那样，是"不同民族、地区文学之间的当下的关系"，是"所有当代文学的积极的共存"。这一思想的生成来源是多重的，一方面它源自歌德在哲学与伦理层面对于"异"与"同"、"自我"和"他者"关系的思考，体现为参与（Theilnahme）、映射（Spiegelung）、回春（Verjüngung）和更新（Auffrischung）[①]，这样的互动关系呈现的正是一种当代性即同时代性的关系；另一方面，它源自歌德与其同时代作家、文艺批评家、译者、出版人的交流交往和事实互动，通过这样丰富的事实互动，歌德其人其作在英、法、意大利等国的影响日益扩大。贝尔曼认为"当代性"思想构成了歌德"世界文学"概念的核心要义，我们同样可以从两个层面进行理解：一方面，从交往伦理层面，它呈现了歌德希冀民族文学平等交流，互通有无，彼此丰富互鉴的良好愿景；另一方面，从交往效应层面，它表达了歌德期望德意志文学在当下积极、互动、共存中不再仅扮演接受者的角色，而得到他国文学认可的本土文化立场。翻译，作为民族文学间交往、互动的重要方式，被歌德视为世界文学的试金石，他曾批评德国浪漫派的翻译实践注重"过往的"文学，而忽视"同时代"文学的倾向[②]，该批评透视出歌德赋予翻译在构建"当代性"或文学间性方面的使命，在贝尔曼

---

① Berman, Antoine. *L'Epreuve de l'étranger: Culture et Traduction dans l'Allemagne romantique*. Paris: Gallimard, 1995: 105.
② Berman, Antoine. *L'Epreuve de l'étranger: Culture et Traduction dans l'Allemagne romantique*. Paris: Gallimard, 1995: 103.

看来，歌德的这一论述或可让我们更好地衡量翻译同时代作家
与翻译过往作家所存在的本质性差异："过往为我们留下的仅有
作品。而在当下，我们拥有作者，以及与之进行直接互动的可
能，甚至还有更多。"①这一差异，在我们看来，主要体现在参
与译介和促进文学作品理解与传播的主体性差异。译介过往的
作品，文本，即原作，构成阐释的中心，译者则是译介与传播
活动最为重要的主体之一，基于译者对于原语文本的阅读、价
值理解及创造性阐释，最终生成译本，构成了原作域外生命的
新起点。在相关研究中，我们关注的往往是"为何译、如何译、
译何为"等基本性问题，译入语读者、批评家的理解与阐释活
动和原语读者、批评家的阐释活动的基础均为文本；当然，在
跨语言、跨文化、跨时空的译介与传播过程中，从文学交流的
经验来看，文本的母语读者、研究者或可与译入语的读者、研
究者建立起互动与交流的关系，共同丰富与扩大文本的阐释空
间，让原作的生命力在本国文学空间和接受国文学空间里持续
延续。进入世界文学的时代，即"当代文学积极的共存"的时
代，交流的主体更为多元，作品的创作主体与传播主体、阐释
主体可以构建起更为丰富的互动关系，原语作者、读者、批评
家与译者、译入语译者、批评家可以建立起超越文本框架的互
动关系，这或许是贝尔曼所强调的"甚至还有更多"的所指，

---

① Berman, Antoine. *L'Epreuve de l'étranger: Culture et Traduction dans
l'Allemagne romantique*. Paris: Gallimard, 1995: 103-104.

这也是歌德基于自身文学交流经验的总结——作家的"在场性"和"主体性"不仅体现在文本创造过程中，也体现在多元的事实互动中，交流可以创造译本生成的契机，可以丰富阐释者对于作家创作和作品价值的理解，可以有效地促进作品的传播与接受。

回溯歌德对于世界文学的相关论述，特别是其中包含的"当代性"思想，不难发现，其论述中有矛盾的价值观体现，在呼吁建立平等的交流范式的同时，也期望本民族文学在世界文学空间中彰显价值，在关注并促进当代文学积极共存的同时，始终视古希腊文明为构建的典范和唯一标尺，这种论述的模糊性和蕴含的价值张力构成了世界文学作为话题、作为研究对象和范式被不断阐释构建的空间。据我们的理解，歌德所描绘的"世界文学时代"是民族文学能够建立双向互动关系的时间范畴判断，当代文学的互动，并非仅指向当下、此刻的瞬时性互动，更指不同民族文学能够以交流主体身份，通过翻译等活动参与共时性的交流与文学关系构建，这样的时代是相互翻译普及化的时代，"被翻译的语言也可成为翻译的语言，翻译主体也可成为被译的对象"[1]。中国文学在歌德发出"世界文学时代已经开始"的呼声之际，是否已迈入这一时代？中外文学交流源远流长，我们知道，1827 年 1 月 31 日，歌德在与秘书艾克曼谈及

---

[1] Berman, Antoine. *L'Epreuve de l'étranger: Culture et Traduction dans l'Allemagne romantique.* Paris: Gallimard, 1995: 104.

阅读一本中国小说的体会后提出，"我越来越感觉到，诗是人类共同的财产……民族文学的意义现在已经不大了，世界文学的时代已经开始，每个人都应促进其发展进程"。歌德没有明示自己读的是哪本小说，无论是英译本的《好逑传》或《花笺记》，还是法译本的《玉娇梨》，彼时，中国的才子佳人小说以及波斯诗歌、阿拉伯古典诗歌已进入歌德的阅读视野，不可否认，它们对于拓展作家的世界视野，促进其生成关于世界文学的思考有所帮助。但，一方面基于对中外文学交流史的考察，另一方面基于对歌德世界文学论说的语义和语境爬梳，我们知道，歌德所论述的世界文学框架主要集中在欧洲文学内部，集中在欧洲文学的当下互动与交流①，而中国文学是在近一个世纪后才以积极主动之姿态参与和他国文学关系的双向互动之中，改变了既往以文本流播为主要方式的文学、文化关联构建模式。

关于 20 世纪以来中国文学与世界文学关系的讨论已非常丰富，学界的共识在于，中国现当代文学的继承性发展和创新性发展是在与其他民族文学交流和融合过程中实现的。在这一历程中，中国文学的创作主体呈现出面向他者的开放姿态，积极融入、吸收、借鉴外国文学的资源与经验，在吸收外来的同时，不忘本来，以现代意识重新审视和继承文学传统，探索中国文学的独特表达路径。陈思和等学者在提出"20 世纪中国文

---

① 方维规. 起源误识与拨正：歌德"世界文学"概念的历史语义. 文艺研究，2020（8）：26.

学的世界性因素"这一重要命题时强调"确立中国文学在文学
交流中的主体地位"①，陈思和先生所指向的主体地位主要体现
在文学创新发展的主体性方面，即中国文学突破了与外国文学的
"接受—影响"二元关系框架，以自身独特的面貌加入世界文学
的行列。我们还可以从交流的主体性层面来考量这一论述。以中
法文学交流为例，中国现代文学萌生伊始便能够进入法国读者的
阅读视野，要得益于 20 世纪 20—40 年代就读于里昂中法大学的
敬隐渔、戴望舒、徐仲年、罗大冈等留法学生的开拓性译介活动。
在梳理这段历史时，我们发现这一现象并非历史的偶然，以戴望
舒、罗大冈等为代表的知识精英站在中西交汇处，已具有明确的
世界意识和中国文化主体立场，他们本身也是新文学的践行者，
他们的译介活动呈现出双向的维度，在接受法国诗学滋养的同
时，积极主动地推介中国新文学的代表性作家，经由翻译等多重
的文学交流活动而构建起文学交互关系，体现出主动"走出去"
的姿态和诉求。他们的创作、翻译、评述成果能够在《欧洲》《新
法兰西杂志》《文学》等法国、瑞士著名文学期刊发表，或以合
集的形式出版发行，离不开与以罗曼·罗兰等为代表的法国知识
界的事实互动。可以说，在这样的交流主体意识的驱动下，经由
翻译等交往活动构建的桥梁，自 20 世纪初期起，中国文学与他
国文学进入了共时性互动的时间范畴。

---

① 20 世纪中国文学的世界性因素——编者的话. 中国比较文学, 2000（1）:
31.

　　一百余年来，世界格局不断变化，中外文学交流、中国文学在海外的译介与传播是在译出国与译入国共同构建的复杂政治、社会、文化、经济交流语境中展开的。20世纪80年代以来，中国当代作家基于中国的社会发展与巨变，在创作方式、方法上不断求索，在表达时代特征、体现本土文化经验的同时，能够回应当下人类共同面临的问题，体现出对于生命和审美的独特看法，形成了文学意义上的中国经验。随着中国综合国力和文化软实力的提高，当代作家与世界的互动更加频繁，交流更加深入。在文学共时性互动视域下关注中国当代文学海外译介、国际传播这一重要的时代课题，我们不能忽视作家的创作主体意识和交流主体意识，他们源自"在场的"的经历、经验与思考有助于启发我们对于文学创作与交流活动本质的认识，深化关于译介活动复杂性的理解。在进行中国当代小说法译研究这个课题时，我特别期待能有机会与在法国译介最具代表性的一批作家进行交流，在许钧教授牵线下，我于2012年至2016年采访了毕飞宇、苏童、余华、池莉、韩少功、贾平凹、阎连科等作家，结合他们作品的译介情况与文学交流经验，就翻译的本质和使命，文学"走出去"的现状、困境与前景，原作与译作的关系，作者、译者与读者的互动关系，中国文学在世界文学中的格局等问题进行了访谈，这些访谈均被本书收录。感谢许钧教授和舒晋瑜女士的支持，允许将他们与莫言和张炜的访谈一并收入文集。感谢诸位作家毫无保留地与我们分享他们的思考，相互翻译普及化的时代并不意味着理解和交流没有障碍，中国文学在从"走出去"到"走进去"的过程中，创作主体作为传播主体，始终保持着清醒的认识和"在场的"主动姿态。

高　方

2022 年 8 月 10 日于南京

目　录

我敬重、感谢翻译家，其中包括将外国文学翻译成中文的翻译家，也包括将中国文学翻译成外文的翻译家。没有他们的劳动，像我这样的作家，就没法了解外国文学，中国文学也没法让外国读者了解。

——莫　言

关于文学与文学翻译

——莫言访谈录

许　钧　　莫　言

　　2014 年 8 月中旬与 12 月中旬，我有机会陪同 2008 年诺贝尔文学奖得主勒·克莱齐奥先生访问古城西安和山东大学，勒·克莱齐奥先生与 2012 年获得诺贝尔文学奖的莫言先生分别就"丝绸之路与东西方交流"和"文学与人生"这两个重大主题展开了对话和深入的交流。他们谈文学，谈文化，谈社会，谈人类存在与精神交流，真诚而深刻，引起了巨大反响。在对话前后一起相处的时间里，我也有机会和莫言先生就翻译问题展开讨论。在我的感觉中，莫言先生对翻译工作特别尊重，对翻译家心存感激。出于一个翻译研究者的本能，我很想就中国文学的对外译介问题与莫言先生做个深入的交谈，但知道莫言先生很忙，怕过分打扰他。2015 年新年第一天，带着心里始终放不下的问题，我写信问候莫言先生，向他提出一些文学与文学翻译的问题，他很快给我回信，并就我提出的问题——给予解答，对文学翻译的重要性、翻译家的品格、翻译的障碍、翻译的原则等问题阐明了自己的看法。在此访谈发表之际，我向莫言先生表达深深的谢意。

——许　钧　记

许钧（以下简称"许"）：莫言先生，这次我有机会陪同勒·克莱齐奥先生来您家乡，看望您的老父亲，也看了您的旧居和莫言文学馆。我们对您和夫人的悉心接待特别感谢。勒·克莱齐奥先生跟我说，这次来高密，有三个难忘的记忆。一是见到您 92 岁高龄的父亲如此健朗，他非常高兴；二是看到您出生、成长、成家的那间土屋，让他理解了文学的力量，看到了人的希望，他特别感动；三是参观文学馆，看到您小时候和后来读的那些书，他深有感触，说您阅读的书，很杂很丰富，有小人书，有杂志，也有经典杰作，有文学的，也有政治的。他还特别注意到您阅读的那些外国文学名著，有苏俄的、法国的、英国的、美国的、日本的、拉丁美洲国家的，特别丰富。莫言先生，我想知道这些外国文学作品对您的成长与写作起到了哪些关键性的作用。

莫言（以下简称"莫"）： 你们能到我的故乡，我非常高兴。勒·克莱齐奥先生朴实、谦逊，（他有）那么大的学问，那么平易近人，我的朋友都很感动。我父亲对我说："这个人很善良啊！"我的所谓"旧居"，现在看确实有点寒酸，但在 20 世纪 70 年代，那是农村房子的标准样式，并不算差。我童年时，确实很爱读书，其实也不仅仅是我，我的那些小伙伴也都爱读书。那时农村读物很少，一本书传来传去，像宝贝一样。我们碰到什么读什么，没有选择。我的班主任老师是个文学青年，他有很多书，知道我爱读书，就借给我看。后来他还让我父亲做了几个木头盒子，钉在教室的墙壁上，起了个名字，叫"图书角"，然后把他自己的书和班里同学的书放进去，让同学们借阅。那时学校经常组织学生出去干活，挣来的一点钱，学校留一部分，分给各班一部分，名曰"班费"，我记得老师用"班费"买回一批书，补充进"图书角"。这样的童年读书经历，对我的影响很大。当时我感到，多读一本书，就仿佛多了一分底气，是一种骄傲的资本，当我在劳动方面不如同伴们出色而受到批评和讥讽时，我心里就想："我比你们读书多！"

我比较多地读书，还是当兵之后。先是在黄县，我的一个战友的未婚妻是县图书馆的管理员，这个战友每次进县城看未婚妻，都会带回好几本书，多数是外国名著，有高尔基的小说、莎士比亚的剧本等等。这些书他都借给我读了。后来我到一个单位当教员，兼任图书管理员。这个单位的小图书馆里有几千本书，多数是技术方面的，文学类的书只有几百本，这几百本文学书我大概都翻看了。再后来就是到解放军艺术学院读书后，读了拉美的魔幻现实主义（作品），欧洲、美国的现代文学等。

我最早读到的外国文学，应该是苏俄文学。苏联时期的战争文学，对我影响很大，因为那时我在解放军艺术学院文学系读书，对战争文学很感兴趣。法国文学对我的影响也很大，我比较喜欢气势磅礴、视野宽阔的那一类作家。此外我还读过美国、德国、日本等国作品，（这些作品）都对我的写作有帮助。对我这样不懂外语的作家来说，每一本被翻译成中文的外国小说，都是一扇观察外部世界的窗户。从这样的窗户里，我看到了不一样的风景，了解了不一样的人情，当然，我也看到了写作者不一样的风格，并从中猜想到了他们的个性。

许：我有两次机会听您和勒·克莱齐奥对话，发现您在讲话中多次提到蒲松龄的作品，也特别多地提到了苏俄作家。就此而言，一方面文学有根，故土的文脉在您作品中流淌，另一方面，文学有天地，一直朝向远方的目光，带给您的是越来越广阔的天地。您说作家有两类，一类是目光向内，专写自己的故土故人，讲生育自己的那片土地的故事；另一类是目光向外，写外面的世界，写他者的灵魂。勒·克莱齐奥说，高密这方丰沃的土地展现了您作品强大的美学力量。就您整个创作而言，您是如何看待我与他者、故土与他乡的关系的呢？

莫：我曾写过一首打油诗，其中有两句："问我师从哪一个？淄川爷爷蒲松龄。"其实我读蒲松龄的书很晚，但一读就有强烈的心灵感应，我自认为能够读懂他的书，知道他真正想说的是什么，也似乎能够感受到他灵魂深处的痛苦。蒲松龄是天才，也是时代和独特的乡土文化的"产物"。我所生活的时代与他生活的时代自然不同，但乡土文化犹如地下流淌的暗河，从来没有断流过。乡土文化对一个作家的影响是潜移默化的，想摆脱也很难。

其实，把作家分成两类是很勉强的，写乡土的作家，大都生活在城市，城市的文化，城市的生活，会影响到作家的写作，也就是说，即便像我这样的专写故乡的作家，笔下的故乡，其实也是天南地北的混合。而像勒·克莱齐奥先生，小说视野非常辽阔，但也有他自己的出发点，或者说是立足点。这个出发点就是他的童年——他童年生活的记忆，从某种意义上说，童年就是故乡。

许：参观您的文学馆，我确实有一种强烈的感觉，您心系故土，但您的目光一直投向外面的世界。从您在 20 世纪 80 年代初发表作品开始，您的影响越来越大，从中国走向了世界。就您作品的外译历程看，我发现您的作品在法国译介起了特别的作用。有三点特别值得关注，一是您的作品在法国译介很早，而且一直持续不断，从 20 世纪 90 年代初至今，已经有 20 多部作品被译成法语。二是您的作品在法国由主流的出版社出版，传播途径畅通，读者越来越多，作品也产生了越来越重要的影响。三是您的作品的法译也影响了其他语种的译介，有的语种的译介是参考了法译本的。我想请您谈谈，在与法国翻译界和翻译出版界的交往中，您发现哪些因素对您作品的译介与传播起到了重要的作用，比如译者的因素、文学传统的因素等。

莫：法国是全世界译介中国当代文学最多的国家，仅我一人，就有 20 多种译本。必须承认，张艺谋等人的电影走向世界之后，引发了西方阅读电影背后的小说原著的兴趣，但这种推力是有限的。持续的翻译出版，还是靠小说自身具备的吸引力。我不懂外语，无法选择翻译家，但我很幸运，我遇到的翻译家都是很好的，而一直在出版我的小说的瑟伊出版社，也是翻译家帮我找的。出版社里那位专门负责我的书的编辑，又是一位具有丰富经验、认真勤勉、忠厚善良的好人。我从来没有想到去迎合西方图书市场的口味，更没有为了让翻译家省事而降低写作的难度，我相信优秀的翻译家有办法克服困难。也许是因为我的"难译"，反而让翻译家"知难而上"。当然，最根本的，还是我的运气好。

许： 在您获得诺贝尔文学奖之后，似乎学术界与文学界都不约而同地将目光投向了翻译。围绕着您的创作与翻译的关系，国内文学评论界与翻译界有不少评说，有些观点甚至非常偏激，过分夸大了翻译的作用。我曾就此问题在不同场合强调了创作的根本性地位，以及翻译在您的作品在异域传播与重生中所起到的实际作用。我特别想听到您本人的一些想法。能否请您谈一谈，您是怎么看待翻译在文学传播与世界文学交流中所起的作用的。

莫： 我敬重、感谢翻译家，其中包括将外国文学翻译成中文的翻译家，也包括将中国文学翻译成外文的翻译家。没有他们的劳动，像我这样的作家，就没法了解外国文学，中国文学也没法让外国读者了解。文学的世界性传播依赖翻译家的劳动，当然，翻译过来或翻译出去，仅仅是第一步，要感动不同国家的读者，最终还依赖文学自身所具备的本质，也就是关于人的本质。至于在翻译过程中，翻译家如何处理作家的独特风格，这要看译者对作家文化背景的了解和对作家个性的理解。如果翻译家能够与作家心心相印，那自然会更加忠实于原著。

许：您在"第三次汉学家文学翻译国际研讨会"上讲过，中国
文学是世界文学的重要组成部分。中国文学若不经过汉学
家、翻译家的努力，那么它作为世界文学的构成部分就很
难实现。在您的作品的海外传播过程中，除了葛浩文、陈
安娜，法国汉学家杜特莱也起到了很大的作用，您能简单
谈谈，这三位不同国度的译者在翻译您作品的过程中，与
您的交往和合作有哪些共同点，又有哪些不同的做法呢？

莫：您提到的这三位翻译家，都是与我合作多年的朋友。他们
共同的特点，一是汉语水平高，二是对中国文化有深刻的
理解，三是十分尊重原作者。他们在翻译过程中，经常与
我交流，有一些技术性调整，都是与我反复磋商过的。

许：事实上，我们注意到，作为汉学研究重镇的法国在中国现
当代文学"走出去"的进程中，似乎一直以来扮演着一个
相当重要的枢纽和中转角色。您的《红高粱家族》、苏童的
《妻妾成群》、毕飞宇的《青衣》和《玉米》等，都是首先
经由法国汉学家的译介而后才引起英语世界的关注和翻译
的。您认为这种现象是巧合还是有其他什么原因呢？您的
作品在法国的译介与在美国的译介有什么关系吗？

莫：我觉得在世界各国翻译当代文学的过程中，其实不存在谁
影响谁的问题。各国的翻译家都有自己的选择和判断。当
然有的早一点，有的晚一点。至于有的语种翻译的数量多

一点，有的少一点，我觉得这主要是出版商的原因。

许：对于中国当代作家作品的外译，有研究者分析认为，某些作家是依靠特殊的事件、敏感的话题、离奇的情节和"禁书"的身份赢得西方读者的青睐；而另一些作家凭借的却是对于普遍人性的反映以及独具匠心的叙事技巧和对人物形象的细腻描摹。陈思和先生对您作品的评价，我个人非常赞同。他说："莫言在当代文学史上确实是具有开创性的。一部《透明的红萝卜》开创了先锋文学，一部《红高粱》开创了民间写作，后来就出现了新历史小说。"您在域外的文学声誉，来自您作品中的"文学性""历史性"，以及"高密东北乡"的"乡土中国叙事"这些文学本身的东西，而不是那些政治性的因素或商业性的因素。在您看来，您在创作中，最在意的是什么呢？

莫：您所说的那些情况，客观地说是存在的。不但在中译外时存在，外译中时也存在。但这是支流，主流还是靠文学作品的思想性、普遍性、艺术性。我在写作时，从来就没有想过外国读者，甚至我曾经夸张地说过不考虑所有的读者。这不是瞧不起读者的意思，因为一部小说最终还是要有人阅读，即便是不希望现在的人阅读，那么也还是希望将来有人来阅读。我之所以这样说，主要是想保持写作时对流行的故事模式的一种对抗的态度，希望能够有所创新。

许：在今年 8 月的"第三次汉学家文学翻译国际研讨会"上，您
　　有个讲话，是专门讨论翻译的，您特别强调翻译的基本原则
　　还是"信、达、雅"。有人说翻译家是"暴徒"，或是"叛徒"，
　　您认为翻译家要做"信徒"。"信徒"符合翻译最基本的原则，
　　就是准确、可信。可在翻译界，有不少翻译家追求翻译文本
　　的"可读性"和"可接受性"而牺牲文本的准确性。事实上，
　　您的老朋友葛浩文认为，"'意译'派在出版方面更胜一筹，
　　因为无论是商业出版社还是大学出版社都推崇意译派的译
　　著。对此无论我们是庆幸也好，悲伤也罢，事实依旧是，在
　　那些'可译的'小说里，'可读性好'的译作才能出版"。对
　　翻译认识的不同，是否使你们作为作者在和译者的实际合作
　　中，出现过冲突或观点不一致的情况？

莫：文学翻译的确是很复杂的劳动，这里边有情感问题，也有
　　技术问题。情感问题就是指翻译过程中，译者与作者之间
　　就某部作品的情感一致，也就是说，译者对作品的理解，
　　符合作者的本意。翻译家如果真的喜欢一部作品，就必定
　　会与作家建立某种情感的共鸣，与书中人物建立情感的共
　　鸣。（翻译家在）翻译中的情感投入应该取得与作家情感的
　　一致性，取得与作品中人物情感的一致性，其难点在于各
　　种社会背景与语言的差别。而技术问题，到底该逐字逐句
　　地硬译，还是可以局部地意译，这个问题似乎争论了很多
　　年了。

许：长期以来，中国本土翻译家更多地专注于翻译的准确性，
而西方翻译家更多地关注译本的可接受性问题。但很多时
候，对于可接受性问题的过多关注，势必会造成某些中国
本土读者所担忧的"不忠实"及"曲解"中国语言和文化
的现象，很多人甚至担心这种被"改写"后的中国形象与
我们文学、文化"走出去"的初衷背道而驰，对此，您是
怎么看的？

莫：从某种意义上说，翻译的准确性建立在译者对原作者国家
历史和文化了解的程度上，否则就可能出现将"八路"翻
译成"第八大道"的笑话。但这个事我们也没有办法，我
们也不可能对每个翻译中国当代文学的人进行摸底考试。
这几年我在国外，经常会遇到汉语非常好、对中国非常了
解的年轻人，这些年轻人有的已经开始翻译中国当代文学。
他们的加入，让我们充满希望。

许：您曾经说：我们要将读者当作上帝、当作朋友，但在某种
意义上，我们要将翻译家当作"对手"，当作"敌人"，就
是要给他们制造难题，就是要让他们翻来覆去地斟酌、思
虑。您能结合具体实例谈谈您的这一观点吗？

莫：我的意思是作者在写作时，不能为了方便翻译而牺牲自己
的风格，降低写作的难度。至于"制造难题"，是一句调侃
意味的话，其实，有些确实无法翻译的句子，或者必须让

译者加注释的句子，也没有必要非用不可。比如 "狗撵鸭子——呱呱叫""外甥打灯笼——照旧（舅）"之类，即便用了，也应该同意译者"意译"。但有的是应该坚持的，譬如在我的家乡方言中，说一个女子很美丽，会说她"奇俊"，说天气很冷会说"怪冷"，"奇"和"怪"的用法，跟普通话不一样，但读者会理解，我相信译者在他的母语中，肯定可以找到这样的用法。

许：对于中国文学的域外传播，王安忆曾经说，有一种假象，好像全世界都爱我们，但事实却不是这样的。尽管有那么多年的力推，但西方读者对中国文学的兴趣仍然是少而又少。毕飞宇也说："汉语作为小语种的命运格局，没有改变。"他甚至认为："中国文学所谓'走出去'，需要相当长的时间，需要耐心，可能需要几十年时间。"麦家不久前也说："我在文学圈这 30 多年，看到我们文学的兴盛繁荣，但是还没有波及世界。海外确实不太了解我们，他们真正了解中国文学是从莫言开始的。"您个人怎么看待中国文学"走出去"的现状与未来？

莫：我同意王安忆和毕飞宇的看法，但不同意麦家的看法。至于如何让中国文学"走出去"，我想还是不要着急，踏踏实实，一步步往前走吧。

许：莫言先生，非常感谢您抽出宝贵时间，细心回答我提出的问题。最后，想请您给翻译界的朋友送几句话。

莫：我是外行，不敢多说，只有两个字：感谢！

（原载于《外语教学与研究》2015 年第 4 期）

翻译要处理的正是文明与文明的关系。这是翻译的责任与义务，也是翻译的价值与意义。

——毕飞宇

文学译介、文化交流与中国文化"走出去"

——毕飞宇访谈录

高　方　　毕飞宇

近十年来，我一直在关注中国文学在国外的译介与传播情况，尤其就中国现当代文学在法国的译介情况进行研究与思考。我发现，在中外文化交流中，文学译介是个避不开的问题。从某种意义上说，文学译介是文化交流最为重要的途径之一。中国文学在国外的译介情况如何？在译介中遭遇了何种障碍？中国文学，特别是中国现当代文学在国外的实际影响力如何？中国作家在中国文学对外译介中起到怎样的作用？他们是如何看待对自己作品的译介的？他们如何认识中国文化"走出去"的问题？带着这些问题，我多次拜访2011年茅盾文学奖得主毕飞宇先生，并结合他的作品在国外的译介状况、他参与的文学与文化交流活动，就以上提及的一些根本性问题进行了深度访谈，形成了如下文字。

高方（以下简称"高"）：毕飞宇先生，你好，非常感谢你能腾出时间聊一聊有关中国当代文学译介的话题。你可能有所不知，中国外语界对你非常关注，你的创作从一开始，起点就很高，虽然不多产，但无论是短篇还是长篇，每一部质量都很高，读者也很喜欢。我们国家目前对一个作家创作的评价体现为各级的评奖，官方的或民间的，你先后两次获鲁迅文学奖，去年（2011年）又获得茅盾文学奖。你在国外和中国港台地区也很有影响。根据我们所了解的情况，你的不少作品已经被译成英语、法语、德语、意大利语等语种，在国际文坛也有了较大的影响，能不能请你谈一下你的作品目前在国外的译介情况？

毕飞宇（以下简称"毕"）：谢谢高方。我去年刚刚拜读了你翻译的《奥尼恰》，非常喜欢。你是译介方面的后起之秀，潜力无限，我是个外行，如果有什么不恰当的地方，你一定要多多包涵。

就我所知道的范围来看，整体而言，中国当代文学在海外的影响力还很有限，比较下来，莫言和余华就显得很突出，我不如他们，这不是我谦虚，事实就是这样。到目前为止，法国，或者说法语是我的第一站，我的作品都是从法语开始的，然后慢慢地向四周发散，一些小语种因为缺少汉语人才，直接就从法语转译过去了，西班牙语和土耳其语的版本都是这样。波兰和挪威这样的国家选择的是英语转译。到现在为止，我在法国出了六本书，《雨天的棉花糖》《青衣》《玉米》《上海往事》《平原》《推拿》，法语译本是最多的，其他的语种多少不一。语种大概有二十来个。

高：在香港艺术发展局与香港贸易发展局合办的"香港书展名作家座谈会"期间，你和你的作品的英译者葛浩文先生一起讨论了翻译问题。在"让华文作品面向世界"的讲座上，你特别讲到，一个小说家最在意的还是语言的气质问题，最不能接受的是翻译作品改变了自己原本小说的结构和语言风格，改变后"那也许是很好的小说，但它不再是我的"。这个问题，涉及翻译的一个最根本的问题，那就是鲁迅所说的，翻译在多大程度上能保持原文的风姿。有评论家认为，你的语言叙述很有个人特色，常给人以峰回路转的感觉。在不知不觉间，读者就会沉浸在你感性十足的语言世界里。我想知道，你的语言的气质或者风姿——或者说风格，以你自己看——有哪些特点？你是不是很担心这些特点在另一种语言中难以呈现？你对你的作品在另一个世界的命运是不是不太在乎呢？

毕：只要是翻译，就必然存在流失的问题。比较下来，以思想和故事见长的作家流失比较小，语言越是讲究，流失就越大，这个靠常识就可以判断。

让我来谈我的语言风格有点难。一般来说，作家都偏爱自己的风格，要不然他就不会那么写。这一来，谈自己就成了自夸，这有点难。我说说我的追求吧，我追求的风格是典雅和纯正，有书面语的特征，也就是说，一方面是自然的，但同时又是"被处理"的。举一个例子，《玉米》和《平原》，写的是乡村与农民，还有口语的元素，但我依旧希望《玉米》和《平原》的语言不要太"原生态"。这么说吧，我不希望《玉米》和《平原》的风格是"乡下人在说话"，而是"作家在写作"、在追求。这并不容易。这里头还有一个语言风格的统一性问题，统一的语言风格可以让作品的内部酝酿出强大的气场，饱满，充满弹性和动感。在我看来，作家所谓的"才气"就在这里。风格一旦不统一，彼此就消解了，作品的气韵一定上不去。这个说起来容易，做起来有多难，只有当事人心里清楚。反正我是不相信天才的，天分要有，主要还是肯吃苦，肯花大力气。力量有了，再让自己保持在风吹草动般的灵敏之中，语言就会听话，按照你的美学感受自行其是。

我并不担心我的语言风格能否在我的作品当中呈现出来，相反，我反而担心这种风格过于强势。为什么呢？因为我要面对更加复杂的题材选择——如果我的新作不适合我现有的风格呢？这就是一个问题。旗袍好不好？好，风格显著。可是，你让玛丽莲·梦露试试看，她过于饱满的臀部未必适合的。所以，我要面对的不只是风格，还有一个多样化的问题。这需要不断地学习，不断地训练，不断地提高。一个小说家什么时候开始满足了，他就死了。

小说家的一生是得不到常人所说的幸福的，"艺无止境"，这句话是真理，也是一条上吊绳，你迟早要被这句话吊死。

我对我的作品在其他语种的命运一点也不担心。我是一个宿命的人，再大的地方，我相信命运。你知道吗，告诉你一个隐私，很不光彩。我在中国从来不打麻将，可是，我喜欢赌场，尤其喜欢轮盘。轮盘吸引我的是什么呢？你永远不知道那个盘子在什么时候停下来。只有命运才能确定。这个比喻很糟糕，却也能说明问题——作品翻译出去了，它在哪个点上"停下来"，当事人永远也做不了主。随它去吧。所以我说，我只对可以掌控的事情负责，写，这个我可以掌控，翻，我永远也掌控不了。在命运面前，我就想做一个坏孩子：把事情挑起来，然后，自己再也做不了主。我不可能知道命运的咽喉在哪里，知道了我也扼不住它。

高：2011 年 4 月 20 日，你和法国东方语言学院的何碧玉（Isabelle Rabut）教授在南京大学有过一次谈话，她是最早接触并翻译你的作品的法国汉学家。你的《雨天的棉花糖》就是她翻译的。她对翻译有自己的追求，对作品的文学性特别看重，在和你的对谈中，她谈到"最难的是翻译的节奏和音乐感"。中国作家刘庆邦讲过一段比较绝对的话："翻译有一个问题，我们中国的作品，文字它是有味道的、讲味道的，每个人写作带着他自己的气息，代表作者个人的气质，这个味道我觉得是绝对翻译不出来的，就是这个翻译家他不能代替作者来呼吸，所以他翻出来的作品就没有作者的味道。"你同意这种看法吗？以你的《青衣》为例，你觉得在另一种语言中有哪些难以传达的东西呢？换句话说吧，你觉得有哪些东西需要译者特别注意的呢？

毕：节奏感和音乐感是最难的，这是何碧玉在翻译实践中的切身体会。作为一个"外盲"，我很同意。我的同意并不盲目。要知道，毕竟我和语言打交道的日子也不短了。

　　语言的最小单位是字，或者说是词，然后是词组，然后是句子，然后是句群。在字、词、词组阶段，我认为翻译是容易的，一本双解字典就可以解决。严格地说，句子也不难，我指的是独立的、脱离于篇章的句子。到了句群，翻译就不那么容易了。

　　格式塔理论有一个重要的判断，整体"大于"局部之和。鲁迅有一个著名的句群：在我的后园，可以看见墙外有两株树，一株是枣树，还有一株也是枣树。这个句群是由三个句子组成的，三个句子极其简单，近乎无聊。但是，把这三个句子叠加在一起，"整体"比"局部之和"就要大多了，多出来的东西是一种情绪，或者说，心境——寂寥，枯死，绝望；也许还多出了一样东西，语言风格——瘦，硬，寒气逼人。

根据格式塔理论我们不难判断，所谓的"言外之意"，所谓的"味道"，其实就是"句群"的派生物——那些多出来的东西。它属于语言，又不属于语言，在语言的外面。这些多出来的东西使语言的信息量增加了。

节奏感和音乐感也是多出来的部分，对语言的信息量而言，它有催化的作用和推波助澜的作用，它可以使语言的信息量疯狂地增长，千树万树梨花开。这一来语言就具备了感染力，可以推动读者的内在（感受），"共鸣"就是这么回事。这正是语言的魅力，也正是文学的魅力。

文学翻译的难就在这里，它要求"局部之和"，它更要求"整体"。所以我一直说，文学翻译和"文件翻译"是不一样的，"文件翻译"是翻译，是一加一等于二的翻译；文学翻译是一加一大于二的翻译，骨子里是写作，一种很特殊的写作。

从这个意义上说，我似乎要对我的兄长庆邦兄说抱歉了。"翻"得出来，"翻"不出来，和语种无关，和译者有关。一切都取决于译者的语言修养、美学趣味和写作能力。

高：我最近收集了一些有关你的作品英译的研究文章，都谈到葛浩文翻译你的《青衣》和《玉米》（包括《玉秀》和《玉秧》）非常成功，其中有一篇专门讨论《青衣》的翻译，发表在《外国语文》2011 年第 4 期上，文章的题目叫《从〈青衣〉到 *The Moon Opera*——毕飞宇小说英译本的异域之旅》。该文对葛浩文将小说名《青衣》译为 *The Moon Opera* 做了分析，认为 *The Moon Opera* 这个译法实在是独具匠心！该文作者还从四个方面论证了这样处理的益处，指出，"文学翻译是一种跨文化交际，一部作品进入一个全新的文化之后，就是一个相对独立的存在，小说的题目尤其如此，它在很大程度上决定着整个作品在这个英语世界的命运"。我不否认葛浩文对题目的翻译一定会有自己的考虑，但实际上，该译名是从《青衣》的法文版题目转译的，包括葛浩文后来翻译的《玉米》的英文名 *Three Sisters*，也都是套用法文版的书名。对这两个外文的书名的处理，你自己有什么样的看法？

毕：首先我要说，葛浩文的英文翻译是成功的。2011 年 3 月 17 日，我获得了第四届英仕曼亚洲文学奖，授奖仪式结束之后，BBC（英国广播公司）的记者访问了我，她的第一句话就说，她喜欢《玉米》的语言。由此我可以判断，《玉米》的英文翻译一定是好的。

　　但同时我也要承认，把《青衣》翻译成《月亮的歌剧》，把《玉米》翻译成《三姐妹》，首创者是法文版。英文版是借鉴过来的，这是事实。这里头有一个问题，一般来说，第一个外文版的书名是最重要的，为什么呢？因为其他语种往往会跟着它走。如果不跟着它走的话，局面将会非常可怕，会乱，读者会误认为一个作家写了许多不同的书。所以，编辑会考虑到这些问题。

在西方，《月亮的歌剧》几乎是通用的，只有德语采用了《月亮之魂》，意思也接近。我喜欢这个翻译。把《玉米》翻译成《三姐妹》也很好，但是我有点小小的疑义，因为契诃夫有一个《三姐妹》，它在世界文学史上的影响太大了。无论如何，等《玉米》在俄国出版的时候，我一定不会让俄语翻译这么干。如果你正在写一本小说，你会起名叫《红楼梦》么？

高：你曾在不同的场合说过，西方看待中国文学有一个特点——过分强调中国作家和中国政治的关系，而过分削弱中国文学自身的文学品质和文学魅力。目前，在西方，"中国文学走向世界"出现"两头热、一头冷"的情况，一头是职业版权经纪人，他们对中国文学非常感兴趣，一头是读者，有不少读者对中国文化感兴趣，"冷"是"冷"在出版社。我觉得就普遍的情况而言，你说得非常对，中国文学要想真正在国外产生影响力，特别需要外国的主流出版社的关注。就你个人的情况而言，我觉得至少在法国，出版你的

作品的两家出版社都是很不错的，如 Actes Sud（南方书编）
出版社，在法国还是很有影响力的。Picquier（比基埃）出
版社虽然不是大出版社，但是这家出版社在法国以出版东
方的书而闻名，像日本的、韩国的和中国的。你的《青衣》
《玉米》（《玉秀》《玉秧》），还有《平原》和《推拿》都是
该社出版的。你对这些作品的选择和翻译感到满意吗？听
说你的作品还通过这家出版社被译成了其他西方语言，你
对你的作品的外译过程是怎么看的？你跟出版社的交流多
吗？能谈谈你作品的外译途径吗？

毕：我一样一样说，不要说乱了。

　　我对所有出版我的图书的出版社都心存感激。你也知
道，即使在中国，我也不是一个畅销书作家，出版社和书
商在我这里是挣不到大钱的。西方出版社有一点非常好，
这是中国的出版社比不上的，他们挣钱的欲望没有那么强
烈，他们更注重文学的品质。2003 年，我在法国刚刚现身，
法国出版社 Actes Sud 和 Picquier 都在争取我的版权，后
者是小出版社，可我和它签了。为什么？因为他们更喜欢
我的作品。他们的老板承诺，哪怕亏，他们也会"一本一
本地"出版我的书。他们兑现了他们的诺言。谢天谢地，
我没有让他们亏。

　　你问我对他们的选择和翻译满意不满意，我的回答是，
我只有感激。在西方出版面前，我还没有自我选择的资格。

我知道我的势头很好，但我真的还不是大牌。

但是我对"转译"很不认同。就在 2011 年的秋天，挪威购买了我的版权，但是，由于挪威汉语人才太少了，为了尽快出书，他们的希望就是"转译"，要不然就得等，排队。我拒绝了。后来我的代理人出面了，最终的结果是我妥协。人就是这样，年纪越大，越容易妥协，因为你的朋友越来越多。事实上，因为朋友，一个人往往会妥协。

我和绝大部分出版社没有联系。我很幸运，很早就有了西方的代理人。所有的事情都是他们出面，我的工作就是写作。

我的外译途径很简单，最早是通过南京大学的许钧教授和法国的陈丰博士介绍到法国的，在译介方面，他们两人是我的第一个推手，我永远感谢他们，是他们帮助我迈出了第一步。后来我有了英国的代理人，一切就走上正轨了。2009 年，我更换了代理，还在伦敦，是英国的另一家公司。

高：我们都知道，一个好的作家，要是能遇到一个好的翻译家，是他的幸运，如罗曼·罗兰遇到了傅雷，安徒生遇到了叶君健，莎士比亚遇到了朱生豪。从个人的译介情况看，你是非常幸运的一个，总的说来，你的作品的翻译质量不错。你的有些作品译成法语和英语之后还获了奖，如《平原》

获得法国《世界报》奖。翻译你的作品的葛浩文，可以说
是英语世界中国当代文学的首席翻译家，《青衣》的英译本
于 2008 年入围英国《独立报》外国小说奖复评名单，《玉
米》的英译本推出后，你还于 2011 年获得"英仕曼亚洲文
学奖"。就我的了解，目前法国文学界对你的作品相当感兴
趣，我认识的许多汉学家都很关注你。能否请你谈谈你和
翻译家之间的交流情况？有误会吗？有冲突吗？你对他们
的工作有什么建议吗？

毕：十多年前，许钧教授对我说过一句话："一个好作家遇上一
个好翻译，几乎就是一场艳遇。"在我看来，关于翻译，这
句话几乎就是经典语句。我在许多场合引用过许教授的话，
当然也惹过麻烦。有一个记者悄悄问我："毕老师，你也和
女翻译有过艳遇吗？"——这让我说什么才好呢。

你看看，不要说外语，就是汉语的内部，我们在"翻译"
"艳遇"这个词条的时候差别是多么巨大。有人看到了内心
的契合，有人却看到了两性关系。生活可爱得很呢。

一般说来，作家和翻译家通常来自不同的国家，也
就是说，不同的文明。亨廷顿写过一本书，叫《文明的
冲突》，当然了，亨廷顿谈的是别的事情，此处不表。但
是，文明与文明的对话是一件困难的事情，这一点是没有
疑义的。

翻译要处理的正是文明与文明的关系。这是翻译的责任

与义务，也是翻译的价值与意义。误会不可避免。就说《青衣》，在汉语之外，几乎找不到一个和"青衣"相对应的概念。在汉语里，青衣起码包含了这样几个隐含的密码：女性，已婚（一般说来），端庄，优雅，悲情，痛感。戴安娜王妃完全符合这几个条件，可是，戴安娜王妃是青衣么？不可能是。离开了中国和京戏，青衣是没法谈的。青衣是人物，同时也不是人物，它还包含了服装、旋律、表演程式、腔调。对汉语之外的世界来说，这是一组神秘莫测的东西，语言学望尘莫及。

但是，一个外国人如果读过《青衣》，了解了筱艳秋这么一个人，她的气质，她的人际，她的性格逻辑和非逻辑，回过头来再谈青衣，一切将会变得感性。在文学面前，感性是重要的，在感性能量的鼓动下，想象就有了翅膀，起码知道往哪里飞。所以，误会和冲突就变得特别有意义，它们将诱发想象，最终能促成理解。我始终认为，只有艺术、艺术想象可以抵达文明的神秘地带，彼和此都是这样。

我年轻的时候读西方小说，到了性命攸关的要紧关头，小说人物会骂人："你会下地狱的！"如果你对基督教文明没有起码的了解，你会觉得好笑，这有什么呢？人总是要死的，下就下呗。但是，一旦你了解了，你就会知道，这句话太重了，比汉语里"操你祖宗十八代"还要重。所以，无论是阅读外来小说还是翻译外来小说，不要轻易怀疑那些好作家，如果你发现他们的作品当中出现了疑问,最好不要从自身的文明出发去想当然,相反,要捉摸对方的思路,这样才能更好地完成文明与文明的对话。

高: 一个作家最看重的,莫过于读者对他的喜爱。一个作家的影响,在很大程度上,也在于他在读者中的影响力。你在法国影响越来越大,记得在 2004 年,那年是"中法文化年",中国作为法国的主宾国时,派出了一个规模很大的作家代表团,国内最有影响的作家几乎都去了。那一次,组织了许多文学交流活动,包括与读者面对面的交流,你有机会直接接触法国读者,和他们有过交谈。那次活动对中国文学在法国的译介也起了很好的助推作用。你在那次系列活动中人气很旺,被评为"最受法国读者喜爱的中国作家"。最近几年,你收到国外文学基金会或出版社的不少邀请,也到西方很多国家访问过,与一些著名作家同台与读者交流。你对西方的读者怎么看?请你谈谈这方面有趣的人和事。

毕: 我要感谢你使用"读者"这个词。"读者"这个词在中国已经边缘化了,人们更爱用"粉丝"。我自己就是一个读者,我也喜欢读者,我更喜欢"读者"这个词。读者是平等的,独立的,自由的,辨析的和冷静的,读者有尊严,读者的对象是图书,是作品,而"粉丝"是什么呢?借用一句网络语言："你懂的。"

由于历史的原因,西方读者所受的文学教育比中国要系统得多,所以呢,从总体上说,西方读者的文学眼光要挑剔一些,一般不会因为文学以外的原因喜欢你。那是实打实的。

西方的读者有一个最有趣的事情,他们会为他们所喜爱的作家建立读书会。这是很普遍的。我在法国的尼斯就有一个读书会,他们定期活动,朗读我的作品,还给我提问题。有一次他们通过南京大学的曹丹红老师给我提了一大串的问题,我一一回答了,曹丹红老师再转译过去,然后让人在读书会上朗读,像模像样的。我看过他们发过来的图片,很喜感。他们把我的相片挂在墙上,一个法国女士站在相片的旁边,低着头,在念——如果再配上几朵菊花,简直就是一个规格不低的追悼会了。你看看,我已经活在法国读者的心中了。

我想说的是,西方读者更尊重作家,他们不在乎你的名气、身材、长相,只在乎你的作品。我希望中国也能这样。你说得对,一个作家最看重的还是读者对他作品的态度,而不是对作家本人的态度。这一点非常重要。

对了,还有一件事也很有趣,有一次在德国,我总共走了三站,有一对母女一直跟着我。最后一站是慕尼黑,那天晚上做母亲的提出来和我"一起吃晚饭",我高高兴兴地答应了,结果是这样的:她们并没有替我买单,只是为了和我"一起吃晚饭"。后来我还得到了一份礼物，回到酒店，打开来，是一颗糖果。就一颗。这件事情对我这个中国人帮助很大，它让我了解了另一种交际的方式，仔细地品味一下，你能感受"非物质"的交往自有它迷人的地方。你没有负担，你没必要去想着"还人情"。古人说，无功不受禄，对吧。这是很人道的。这里头反而有一种真挚。

高：在中外文化的交流中，文学交流是一种重要的途径。随着中国改革开放进程的不断深入与加快，中国走向世界的重要性和迫切性从来没有像今天这样受到国人的认同。近年来，中国政府特别强调提高国家的软实力，强调中国文化"走出去"，中国的文学界也在不断地思考如何"走出去"的相关问题。从目前的情况看，各级政府部门都在采取积极的措施，设法助推中国文学走向世界。在这个过程中，翻译成了一个不可回避的问题。中国文学的译介被认为是中国文学走向世界的必经之路。能否请你结合你自己的经历，谈谈中国文学译介中存在什么问题？遇到了何种障碍？

毕：鲁迅有一个说法，叫"拿来主义"。鲁迅的意思很明确，对外国的东西，我们要自己去"拿"，不能等着人家"送"，拿来的东西是安全的，有价值的，"送"来的东西往往会带来灾难。

换位思考，其实外国也存在一个"拿来主义"的问题。我觉得我们最好不要急着去送，而是建设自己，壮大自己，让人家自己来拿。什么是"拿"？"拿"就是挑选和比较。这一来就存在一个问题：在挑选和比较面前，你是否承受得住。老实说，在"走出去"这个问题上，我觉得我们有些急，有中国行政思维的弊端。文化交流其实就是恋爱，是两情相悦的事，既然是两情相悦，你就不能死乞白赖地投怀送抱，这不体面。无论是接受还是追求，你既然参与了这个游戏，你就必须遵守"非诚勿扰"这个基本原则。

中国文学向海外输出的最大问题不在翻译，而在缺乏职业的文学代理人。在中国，文学代理几乎还是一个空白。这是一个纯商业的问题。为什么在中国没有文学代理呢？因为文学在中国太贱，它太不值钱，几乎没有利润空间。一个没有利润空间的事情怎么会有商人去做呢？这么说吧，一个中国的代理人手上有五个中国作家，按百分之十五算，这五个作家的代理费能养活代理人的一家子么？不可能。

中国没有这个行业，很自然，中国就没有所谓的行规。我每年都要签一些合同，有一个词是很扎眼的，"依照国际惯例"。这个词的潜台词是什么呢？是你中国没有"惯例"，即使有，那也是"不启动"的。所以我要说，对不起，我要发明一个词，在"国际文学贸易"中，中国作家是很吃亏的。中国文学价格太低，不只是伤害作家的利益，也伤害翻译的利益。我在中国有许多汉学家朋友，他们一直在抱怨：翻译中国的文学作品"不合算"，价格太低了。再换算成欧元或英镑，你说说，他回国之后能干什么？

中国的经济在高速发展，"文学经济"却几乎原地不动，这是极不正常的。所有的物质都在大幅度地涨价，唯独"非物质"的文学羞答答的。作为一个从业人员，我不会说"文学死了"，但是，即使从经济这个角度去考量，中国文学也是一脸的"贱相"，这是谁也不能否认的基本事实。

高：政府关注中国文化"走出去"，这当然很重要，但是我觉得文化的交流应该着眼于能真正影响普通人精神生活的层面。我们过去讲"拿来主义"，现在特别着急，想送出去。文学的交流，更是有一个读者到底喜欢不喜欢的问题。"走出去"，要看人家的实际需要，我们自己不能太着急。谈到文学交流，我觉得应该是双向的。作为中国目前最有影响力的作家，你对外国文学一向都很关注。你阅读过许多外国文学名著，你也说过你的创作受到过外国作家的影响，比如俄罗斯文学和法国文学。作为一个法语文学的译者，我特别感谢你对我的关注和关心。我有幸翻译了 2008 年诺贝尔文学奖得主勒·克莱齐奥的代表作《奥尼恰》，你专门撰文为中国读者推荐了这部小说。去年 8 月，在上海国际书展期间，你和勒·克莱齐奥先生见了面，有很深入的交流，你还和勒·克莱齐奥先生就文学创作进行了对话，听众反响热烈。我一直有一个问题想请教你：在世界文学里，中国文学是不是有独特的魅力呢？

毕：中国文学的魅力毋庸置疑。但是，如何看待世界文学里的中国文学，我还是很谨慎的。去年（2011 年）得了（英仕曼）亚洲文学奖之后，许多西方记者问我：你觉得你走向世界了吗？我的回答是否定的：没有。你也知道的，我不是一个喜爱做谦虚姿态的人，但是，我认为我也没有丧失最基本的冷静。写作的人最终都要面对世界、面对事实的。

　　中国的不少作家写出了不少好作品，可是，从整体上说，放到世界文学的范畴里，我们面对现实的精神力量还不够。这个是可以比较出来的，勒·克莱齐奥、奥兹、菲利普·罗斯、奈保尔、波拉尼奥，这些作家和我们同代，他们的文本就在我们的眼前，我们可以做具体的文本分析。我承认我看到差距，波拉尼奥的《2666》我写不出。这里头有多方的因素，有些因素是小说的，是学养的，我们通过努力可以解决，有的问题是非小说的，在短时期内我们难以逾越。这么说我真的很抱歉。反正我自己是感到差距的。

　　还有一点我也不得不说，十年前，我觉得我们的下一代可以比我们做得更好，但是很遗憾，我没有看到这个动人的景象。我们都要努力。

高：非常感谢你。今天你谈的许多方面，无论对做翻译的，还是对做翻译研究的，都很有启迪意义。其中涉及的不少问题，关乎文学译介和中外文化交流的心态、策略和方法，值得进一步思考。最后想请你对中国的翻译工作者说几句话。

毕：我愿意在此向所有的文学翻译者致敬。由于历史的原因，我们这一代中国人在青春阶段几乎没有好好涉及自己的传统文化，在文学上，我们许多人的第一口奶都来自翻译文学。没有翻译文学，就没有我们这一代作家。我对翻译文学和翻译工作者充满了感恩的心。

　　但是，话也要分两头说。中国进入网络化时代已经有十来年了，网络时代是一个机灵的时代，骨子里也是一个反智的时代。——还是谈翻译吧，这些年我对翻译小说的兴趣越来越弱了。你看看那些翻译成汉语的语言，好作品有，坏作品更多，这是很令人痛心的。我可以很武断地说，现在很多翻译家外语越来越好，中文越来越差。我不懂外语，可是，有时候我能从小说自身的逻辑判断出哪里翻错了。你说，这是多么严重的问题。我也不想得罪人，例子我就不举了。我是可以举出例子来的。我还是那句话,翻译是一种特殊的"写作",一个翻译家如果丧失了母语的写作能力,外语再好也没用。得罪了,请多包涵。

（原载于《中国翻译》2012 年第 3 期）

隔着文化和语言这两大鸿沟，经过翻译的传递不可能百分百精确，译者就像献花的使者，要把异域的花朵献给本土的读者，这是千里迢迢的艰难旅程，他必须保证花朵的完好，而途中掉落一两片叶子，是可以接受的。

——苏　童

偏见、误解与相遇的缘分

——苏童访谈录

高　方　　苏　童

　　新世纪以来，反映新时期中国文化面貌的中国当代文学在国际上受到了越来越多的关注。一批中国文学作品得到译介，一些重要中国作家也渐渐在国际文坛形成了较大的影响力，苏童就是其中最有代表性的一位。当我们探讨中国文学"走出去"这个话题时，苏童是一个绕不过去的存在。我有机会在 2013 年元旦假期，与苏童就他的作品的译介、中国文学在国外的传播等问题进行了交谈。作为在域外被译介最多的作家之一，苏童对于中国文学的传统与现实的地位有着深刻的见解和理性的认识。对于中国当代文学的外译、外译中所遇到的问题、作者与译者的关系、中国文学在世界文学场域中的地位、中国文学"走出去"

的前景等重要问题，苏童进行了冷静的思考。

高方（以下简称"高"）： 苏童先生，你好，很高兴有机会和你交流，请你与大家分享你对中国当代文学的译介状况与前景的看法。作为中国当代作家的代表人物之一，你不仅以《妻妾成群》《红粉》《河岸》等代表作享誉国内，你的作品更是被译成英、法、日、德、西、韩等多种语言，并且得到了海外读者积极的反响，能否给我们谈一谈你的作品在国外的翻译情况和接受情况？你的第一部作品是什么时候被翻译出去的？

苏童（以下简称"苏"）： 我一直未认真整理过这一类数据，大致的情况如下：被翻译较多的语种是英语、法语、意大利语、韩语，大约有七种，其次是德语、荷兰语、日语，有四五种左右，其他的如西班牙、葡萄牙、北欧及其东欧的语种翻译较少，各有一两种。各种翻译文字版本加起来，应该超过五十种。以我收到的版本及其版税来看，较为成功的应该是《妻妾成群》《米》《我的帝王生涯》。我的第一部被翻译的作品是《妻妾成群》，大约在 1991 年或者 1992 年，分别被翻译成法语和意大利语，因为是在张艺谋的电影《大红灯笼高高挂》之前翻译出版的，所以书名仍然叫《妻妾成群》。英文版的翻译接洽其实也是在电影之前，但周期拖得很长，恰好赶上改编电影在欧美大热，所以搭了顺风车出笼，书名自然也被改成了《大红灯笼高高挂》。据我所知，《大红灯笼高高挂》的某些翻译版本，比如德文版、挪威文版，是按照英文版翻译过去的。

高：你的作品的翻译，译者是个最为关键的因素。《妻妾成群》《我的帝王生涯》《河岸》等被翻译后在海外引起了广大的反响和广泛的好评，其中译者功不可没。我统计了一下，翻译你的作品的有不少都是国外知名的译者，比如美国的葛浩文（Howard Goldblatt），加拿大的杜迈可（Michael S. Duke），法国的安妮·居里安（Annie Curien）、诺埃尔·杜特莱（Noël Dutrait）等。你和这些译者熟悉吗？有没有关系比较好的译者？在交往中，你们对翻译问题有过怎样的交流？

苏：在你列举的这些译者中，我与葛浩文、杜迈可和安妮·居里安比较熟悉一些，因为我在访问美国与法国时（和他们）有较多交往。有一段时间，葛浩文的文学经纪人也曾经充当我的国际版权经纪人角色。私人关系比较好的译者有意大利的米塔、罗莎，荷兰的林恪。因为葛浩文和米塔、林恪翻译我作品较多，每逢翻译期间，他们都会经常主动联系我，通过邮件与我探讨某些词语、句子的细节问题。

高：作家和翻译家见面，恐怕交流大都是围绕作品进行。我本人与我非常喜爱的作家勒·克莱齐奥有多次交往，每次差不多都是向他提有关作品理解的问题。我翻译他的《奥尼恰》时，就他作品中的词语和句子如何理解，发过多次邮件。这些交流，对准确理解作品非常重要。我们知道，在法国，你是知名度最高的中国当代作家之一，到目前为止，一共有七部作品得到翻译、出版，译本销量和影响在同类译介作品中数一数二。不过，国内的一些研究也指出，虽然译者付出了相当的努力，但一些译本在一定程度上还是做不到完全忠实于原作，有的甚至出现了漏译、错译的质量问题。华东师范大学的杭零博士对你作品的法译本有过深入的研究，她指出在《红粉》法译本中，有一些原文理解的问题，有些错译，如"林冲夜奔"被翻译为"在夜晚来临时，冲进森林"；在《妻妾成群》的译本中，译者还将原文的"奸夫淫妇从来没有好下场"译成了"淫妇从来都是难逃死罪"。将"奸夫"二字省去，还把"没有好下场"改成了"难逃死罪"，这种对原作的偏离和背叛问题多多少少都和对原作的理解有关系。一个外国译者很难十分精准地去理解原作。对这些问题你是怎么看的？从你自己的角度看，你对译者有什么要求？

苏：我一直对翻译中存在的这样那样的问题抱有宽容的态度，不是一个姿态，而是出于基本理性。即使我自己的小说中也常出现各种硬伤和软伤，怎么可以要求译者永不出错？

隔着文化和语言这两大鸿沟，经过翻译的传递不可能百分百精确，译者就像献花的使者，要把异域的花朵献给本土的读者，这是千里迢迢的艰难旅程，他必须保证花朵的完好，而途中掉落一两片叶子，是可以接受的。当然，什么样的损伤是对花朵的损伤，什么样的损伤是对枝叶的损伤，这要根据文本仔细甄别。翻译的过程，是原作者与译者共同展示的过程，除了作者的那片天地，译者也不可避免地会在译本中泄露母语的天机，不仅是文字语言方面的，还有知识储备，还有思想教养方面的。一个优秀的译者，应该可以用母语的色彩，替原作的缺陷化妆。所以，我不在意译者的中文有多好，如果译者的母语好，那就是一个最大的福音。

高：谢谢你对译者有这样的宽容与理解。你对译者工作的比喻特别有意思。"一个优秀的译者，应该可以以母语的色彩，替原作的缺陷化妆"，让原作能在异域焕发出新的生机，就像歌德看了他的《浮士德》的法译本之后，觉得他的作品在法兰西的土地上获得了新生命，色彩更加鲜艳。但作者与译者这样的相遇，是可遇而不可求的。就你的作品的翻译而言，风格的传译特别重要。从早期成名作《1934 年的逃亡》《妻妾成群》到后期的《碧奴》和《河岸》，你的写作题材和风格从"先锋派"发展到了后来的"写实主义"。

这样写作题材和写作风格的变化是否也能在译作中得到充分的体现？你的译者之一葛浩文曾经谈到过出版社为了照顾到英美读者的阅读习惯，常常要求译者对译作进行一定的删减和改动，抛弃了原作者某些特定的文学风格。作为原作者，你是怎样看待这些删减和改动的？有人说，这些删减和改动是对原作和原作者的不尊重，你是怎么看的？

苏：鉴于我的外语能力，我本人无力从译本中判断任何文字风格方面的信息，所以，只能本着信任译者的原则，最后听取他者的评价，对一个译本形成基本的印象。这印象不是本人的判断，有一定的客观性，但肯定也有盲目性。译者如何适应原作者创作风格的转变？我想，首先还是要从阅读出发，从感受出发，译者与作者本是命运共同体，忠实于作者的前提是忠实于自己。至于出版社出于商业与市场的需要（尤其是英美出版社），经常要求译者删减内容，多数情况是过多考虑了海外市场的接受，过分畏惧文化差异造成的阅读障碍（有时也不排斥是当事编辑或出版社的一厢情愿，甚至出于偏见）。没有一个编辑会故意伤害自己的作者，也无意去损害所编之书的品质，但是，迎合读者与市场是全球出版业的普遍规律。这个时代，任何人都很难逃避商业这个绳套，它不仅套住作者的脖子，其实也套住了出版商自己的脖子。

高：你凭借《河岸》获得了第三届英仕曼亚洲文学奖，该奖项迄今为止已举办了四届，而其中三届都颁给了中国作家，除了你之外，还有姜戎和毕飞宇。此外，前不久莫言获得了诺贝尔文学奖这个重要的大奖。中国作家获得这一系列的奖项说明国际文坛开始积极地认可和接受中国作家和中国文学作品。不过，我记得在某报刊的采访中，你曾经说过自己并不关心作品在国外的接受情况，你说"走向世界还是要看缘分，不要过于迫切。中文出版物尤其是文学，在世界上显得非常边缘"。你是否认为中国文学作品在国外的译介接受，在相当长时间内难以达到英美作品在中国的接受程度？能否请你解读一下你提到的"缘分"这两个字？另外，这几年，凭你的感觉，中文出版物的边缘地位是否有改善？

苏：坦率地说，我至今仍然坚持这个观点。莫言获得诺贝尔文学奖，也许短时间内会让西方文学市场"正视"中国文学，但是等到"莫言效应"渐渐冷却，一切都会恢复原形，"巴黎人"还将以"巴黎人"的目光看待"外省人"，这不是歧视或者偏见的问题，而是某种惯性。从西方视野看，中国文学不仅在东方，而且在中国，与中国经济不同，它集合了太多的意识形态，是另一种肤色与面孔的文学、另一种呼吸的文学，有着宿命般的边缘性。莫言的成功，并不暗示其他中国作家的成功，莫言与"世界"的缘分，也并不契合别人走向世界的缘分。凭我个人的认识，中国文学在西方，欧美文学在中国，这两者将长久性地保持非对等地位。这几年也许会有更多的中国文学在海外出版，但无法改变其相对的弱势地位。

高：我非常认同你的观点。就目前而言，中国文学和欧美文学的交流呈现的还是一种不对等的关系，甚至是一种不平等的关系。但近年来，包括你在内的多位中国当代作家的作品对中国当代文学对外译介做出了很大的贡献，也成为中外文化交流的一个有效渠道。然而，中国文学"走出去"和外国文学"走进来"的规模和趋势仍然差距悬殊。造成这个问题的原因有很多，包括西方以自我为中心的强势文化心理、根深蒂固的文学偏见和读者的审美取向。你到过不少国家进行交流，与国外的作家和读者也有很多的接触，在你看来，目前中国文学"走出去"主要还面临着怎样的障碍？

苏：外国文学很早很早就轰轰烈烈地"走进来"了，但中国文学"走出去"的脚步一直是很轻的。但是，我个人并不认为这个问题会困扰任何理性的作家。"西方中心论"揭示了某种霸权，同时也简要描述了全球化时代一个作家的外在生存环境。用汉语方块字写作的作家是特别的，与来自英语国家甚至西班牙语国家的作家相比，他们拥有大比例的潜在读者群，却不可避免地游离在国际大舞台之外，因为国际大舞台修建在"西方中心"。我不认为这是一个需要作家去追究的问题，值得思考的在于你是把它界定为"不公"，还是"自然灾害"，又或者仅仅是选择的自由，你如何在不公中保持尊严，你如何对待好奇或冷漠，你如何接受选择，更需要厘清的是你如何看待"中心"之外的方块字写作。依我看，任何一个作家都有自己的胎记，胎记无须整容，它恰好是最重要的辨识物。任何一个作家的胸怀，越宽广越好，放眼世界是个好态度，但是若以"走向世界"为写作之责，则大可不必。说到底，"走向世界"不是一个真理性的指标，能够成功地走向世界，也许意味着传播的成功，与写作的品质关系并不太大。从这个意义上说，能走出去就走，走不出去也不是什么悲剧，即使走出去了，其传播结果也不一定顺理成章。曹雪芹的《红楼梦》在西方各国都有译本，似乎没有一个译本称得上受欢迎，但是，谁敢说《红楼梦》不是一部具有"世界性"的伟大作品呢？

高：对于文学作品的传播，文本翻译是最根本的途径。但无论在国内还是在国外，一部小说改编成电影之后，它的传播和接受往往变得更为直接、迅速、广泛。你的作品就是其中的典型个案。小说《妻妾成群》改编成电影《大红灯笼高高挂》，蜚声海内外，先后获得多个重量级的国际电影大奖。电影强大的市场性和影响力也直接带动原著的英、法、意、荷等各种译本迅速推出，赢得较大的读者市场。能否请你谈谈，你是如何看待电影对于文学译介的推动作用？随着网络、手机、影像等多媒体的普及，文学的读者范围变得越来越狭窄。在这种时代环境下，除了电影改编，你觉得一个作家作品的对外传播还有否其他种积极、有效的方式？比如参加翻译目的语国家的文学研讨会，举办读者朗诵会等。你是否参加过类似的活动？交流情况如何？

苏：正好前面谈到了，《妻妾成群》的各种译本中，法文和意大利文版翻译得很早，在电影《大红灯笼高高挂》之前就已经出版，但不可否认，因为当时电影在欧美市场的成功，曾经难以找到"婆家"的杜迈可的英译本迅速找到了一家好出版社，也带动了小说国际版权的"繁荣"景象，我甚至收到过来自美国的读者来信和明信片，也因此获得了意料之外的各种外汇收入。这在我是全新的颠覆性的经验，一部小说，因为电影获得了许多惊喜。一部成功的电影，与原作者的关系可疏可近，但它成功地为你带来了更多的读者、更多的利益，这是一个事实。另一个事实是，时代在变，文学作品的传播，不仅依靠纸面阅读，也不仅依靠影视改编，已经出现且还会出现更多的传播方式。一部小说流入市场，就像一列火车开出去，火车将去哪里，火车将搭载多少乘客、多少货物，你都无法想象了。我在国外参加过你所说的文学研讨会和朗诵会，前者大多偏学术讨论，后者偏营造文学气氛，似乎不是太有效的传播方式。我常有与外国读者的交流，但碍于语言局限，难以深入。

高：语言的确是个障碍。但就我的了解，法国知识界和文学界对你还是有很多了解，有的还比较深刻。比如中法文化年期间，在 2004 年巴黎书展介绍受邀中国作家的手册中，关于你的条目是这么写的："苏童非常擅长描写模糊遥远的历史，他的小说经常以中华民国和封建时代作为背景。令他声名鹊起的是描写女性的作品，例如 1989 年被张艺谋搬上银幕的《妻妾成群》。他的笔触敏感细腻，具有内敛的诗意，传达出悲剧意味，在苦难、堕落和颓败的背景上，描绘现代人物和历史人物复杂、犹疑的精神状态。"这段文字基本体现了包括出版界、文学界还有普通读者在内的法国公众对你的印象。不难看出，这一印象很大部分基于《妻妾成群》的成功。但是这种成功反过来也约束了大众对你的认知，把你多变的文学风格仅仅局限于单一化的"新历史小说"和"妇女系列"。你是怎么看待西方读者对你的这种文学印象的？

苏：不仅在法国，我在国内其实也背负着这个特殊"职称"——写女性的作家、写老皇历的作家。这是因为很多读者接受的我的创作信息，主要来自电影或者电影的延伸阅读。这

不是读者的错，不是我的错，也不是电影的错。创作是一
回事，不可以误写，但接受是另一回事，可以误读，更何
况有时，只是对你的创作知之甚少。我从来允许误会，也
乐于生活在误会之中。一个写作者，注定是要被他人评说
的。为了有效地建立话语逻辑，我也体谅别人为我寻找的
标签，无论我是否以为然。

高：事实上，法国读者这种相对固定化的思维使得他们在选择、
翻译时不免落入地域性、经验化的窠臼，这样就无法对你
的作品构建一种完整、真实的认知。2005 年，法国出版社
宁可选择你 1992 年的作品《我的帝王生涯》，而不考虑较
近的《蛇为什么会飞》这样的现实题材作品，这就是一个
十分典型的例子。能否请你谈谈自己对这个问题的看法？
你觉得，中国文学在被外国文学、文化系统接纳的过程中，
应该如何摆脱他国文化定式的束缚，逐步在异域树立完整、
真实的文学形象呢？

苏：我的感觉，无论是法国出版社，还是别的国家（的出版社），
他们对一个中国作家的经营方式，与经营旗下重要的本土
作家有很大的区别，大多并不坚定，有时候甚至是三心二
意的。毕竟隔着语言和文化，他们了解并信任一个中国作
家需要时间，展现一个中国作家完整的真实的创作风貌，
要花费很大的精力和财力，这对于他们是冒险的。因此，
选择一次性的较为安全的选项，根据他们对市场的推测，

做出试探，不行就撤，是外国出版社较常见的思路。对于这个局面，作家无计可施，唯一能做的，是以自己的创作征服他们，当然，这很难，征服"国际友人"，或许也不是十分必要。

高：非常感谢与我们分享你对中国当代文学现状及其对外译介的未来前景的一些看法，指出的中国当代文学外译的一些问题，并针对这些问题提出宝贵的意见和建议。相信在中国作家和国内外译者的共同努力之下，中国文学的译介之路必将越走越宽，越走越好，最终让中国文学作品成为外国人可以读、愿意读、喜欢读的真正的世界文学瑰宝。最后，能否送几句话给我们海内外的翻译工作者？

苏：我一直真心地爱戴优秀的翻译家。谢谢你们，为我们打开一扇扇窗，让我们看见了全世界的风景。因为你们，我们才得以看见这个世界的另一部分。因为你们，一个离散的世界完整地联结起来了。

（原载于《中国翻译》2013 年第 2 期）

我说的"内科式的治疗"是请翻译家灵活地尊重原著，不是那种死板的直译，而是充分理解作品之后的意译。我觉得在两种语言不对应的一些地方，翻译时用入乡随俗的方式可能更好。

　　　　　　　　　　　　　　　　——余　华

"尊重原著应该是翻译的底线"

——余华访谈录

高 方 余 华

高方（以下简称"高"）： 余华先生，你好！非常感谢你能够接
受采访，谈谈当代中国文学对外译介的现状与未来。作为
当代中国最有影响力的作家之一，无论在国内还是海外，
你都享有很高的声誉。据我们了解，从先锋时期的作品到
现实主义的小说，你的作品被广泛译成英文、法文、德文、
俄文、西班牙文、荷兰文、挪威文、希伯莱文、日文等 20
多种文字在国外出版，在国际文坛得到了热烈的关注和很
高的评价。能不能请你谈一谈你的作品目前在国外译介和
传播的情况？

余华（以下简称"余"）： 目前来看，我的作品在不同的国家受
到的欢迎程度也不一样，《活着》在美国、意大利、西班牙

表现最好，法国和德国的读者最喜欢的是《兄弟》，日本也
是《兄弟》的销售和评论最好，《许三观卖血记》在韩国很
热。其他国家的情况我不是很了解，我没有得到充分的反
馈。越南可能都不错，因为他们的出版社在争抢我的书的
版权；《兄弟》在挪威出版一年后出平装本，这个信号显示
《兄弟》在挪威（的接受度）不错；《活着》被瑞典教育部
和文化委员会列入推荐书目，向中学生推荐。很多国家的
译者说我的书在他们国家（的接受度）不错，可是我没有
得到具体的数据，所以不好说。

高： 一个作家能写出震撼人心的作品，从根本上来说是出于对
文学的爱，让作品深入人性深处，感染人体的每一个细胞。
一个翻译家能译出优秀的作品，也是出于对文学和文化的
爱和理解，他（或她）若也是严肃的文艺批评家，这是可
遇不可求的。总体来看，你是非常幸运的一个，在不同的
国家都遇到了不少优秀的译家，译作的翻译质量不错，不
少作品获得了多个重要的国际文学奖。比如《活着》获意
大利最高文学奖——格林扎纳·卡佛文学奖，短篇小说获
澳大利亚悬念句子文学奖，《在细雨中呼喊》被译成法语后
很成功，《兄弟》获法国首届"《国际信使》外国小说奖"。
此外，你获得了法国文化部授予的"法兰西艺术与文学骑
士勋章"。能否请你谈谈你是如何邂逅、选择这些优秀译者

的？不同文化背景下的你们又是如何沟通，建立有效的交流的？

余：优秀的译者是可遇不可求的，我幸运地遇上了很多好译者。其实我一直是被动的，不是我选择译者，而是译者选择我。这和我在国外的出版经历有关，开始的时候是那些国家的译者来找我，翻译完我的小说后，他们再去找出版社，所以译者最初还承担了经纪人的工作。我有了国际版权经理以后，情况也没有太多的改变，因为我在那些国家都有了可以信任的译者，而出版社也会征求我的意见，由我决定谁来翻译我的新书。我不懂外语，我对译者的信任是建立在对他们的了解上的。如果是一个对自己母语文学不了解的人想翻译我的作品，我会谢绝。当然我首先会和他聊天，聊他的国家的文学，如果他表现出不太了解自己国家的文学，我就不会与他合作。一个对自己母语文学没有兴趣的人想来翻译中国的文学作品，我觉得不会是一个好译者。因为这样的译者仅仅是想翻译一本书，而不是出于对文学的热爱来翻译小说。

高：在 2010 年的"汉学家文学翻译国际研讨会"上，你曾经对翻译作过一个比喻，你认为"在文学翻译作品中做一些内科式的治疗是应该的，打打针、吃吃药，但是我不赞成动外科手术，截掉一条大腿、切掉一个肺，所以最好不要做外科手术"。从这比喻中能看出,你认为对于原文,翻译时最好只采取一些保守的治疗方法,不要去改变原文外在的骨骼和形体,也不要去丢弃原文内在的组织和气韵。这里涉及的其实是翻译中最根本的问题:什么样的译文是好的译文?我们自身的处境和文化框架往往会决定译者选择何种文化立场、翻译原则和翻译方法。而汉语与其他语言之间的不对应性和非共通性使得这些选择变得更为困难。我想知道,作为一个作家,你认为什么样的翻译是最理想的?你所指的"内科式的治疗"是什么?"外科手术"又是什么?

余:尊重原著应该是翻译的底线,当然这个尊重是活的,不是死的,正如你说的"汉语与其他语言之间的不对应性和非共通性使得这些选择变得更为困难",所以我说的"内科式的治疗"是请翻译家灵活地尊重原著,不是那种死板的直译,而是充分理解作品之后的意译。我觉得在两种语言不对应的一些地方,翻译时用入乡随俗的方式可能更好。"外科手术"就是将原著里的段落甚至是章节删除。有这样的翻译,一本600多页的小说,最后翻译出来只有400多页。美国一所大学的教授告诉我,他在自己学校组织了一位中国作家的作品朗诵会,结果中文版的段落朗诵完了,在英文版里找不到。这样的"外科手术式"翻译是我不能接受的。

高：我还想再问一个有关"怎么译"的问题。中国和其他国家
有着巨大的文化差异，这就导致在翻译一些中国术语和中
国概念的时候，译者往往面临巨大的挑战。如果按照原文
直译的话，那么就会比较少考虑译本读者的语言表达习惯，
常常造成读者在接受层面的困难；如果用西方的概念和形
象来描述、解释和替换中国文化，那么中国文学和文化的
形象就会被淡化，甚至迷失，翻译的意义和价值就会打折
扣。我看过你的一些作品的法译本和英译本，应该说翻译
质量相当好，但是这种问题也会时不时地跳出来。比如，
《许三观卖血记》里面的"油条西施"，英译本里面翻译的
是"the Fried Dough Queen"，典型的中国形象"西施"变
成了西方的"女王"。这种例子还有不少。我想知道，你作
为原作者，对这种翻译问题是怎么看的。你希望你的译者
在面对这些中国形象和中国概念的时候，采取什么样的翻
译立场和翻译方法呢。是尽可能保留原文的风貌，还是以
读者为依归，强调译文的可传达性呢？

余：我赞成"女王"这个译法，如果用"西施"的拼音，外国
读者不会明白；要让他们明白"西施"，只能用注解，可是
读小说的时候还要去读注解是一件别扭的事。《兄弟》的法
文版有 20 页的注解，这些都是完全无法对应翻译的部分，
我的两位法文译者的翻译已经非常巧妙了，法国读者完全
可以通过上下文理解其中的意思，但是他们担心有些法国

读者会对某个表述的中国含义深究下去，所以用了 20 页来注解，并且将这些注解放在小说的最后，让一些喜欢深究的读者到最后面去寻找，对于大多数读者来说，（这样处理）不会影响阅读的流畅性。对于原文一些不可翻译的地方，我觉得用可传达性的方式来表现应该更好，虽然会损害一些原文的风貌，可是原文的含义因此充分表达出来了。译文肯定会在一些地方损害原文，但是又会在另外一些地方加强原文，会让原文更加出彩。所以在我看来，译文和原文不像是恋爱关系，而像是拳击比赛，译文给原文一拳，原文还译文一拳，你来我往，有时候原文赢了，有时候译文赢了，十个回合以后打了一个平手，然后伟大的译文出现了。

高：一直以来，中国文学作品在海外出版发行都有一定的困难：主流出版机构参与度不高，传播渠道也不够通畅，这样就很难真正地形成影响力，这里有来自文化趣味、市场运作、意识形态等各种因素的制约。但是我知道在这种较为普遍的困境中，你的作品还是得到了一些外国主流出版社的大力推介，可以看成中国当代文学走向世界的成功个案。比如在法国，你的小说从 2000 年起，就固定在南方书编出版社（Actes Sud）出版，这是法国一家十分有影响力的出版社。在美国，著名的兰登书屋（Random House）出版了《活着》《许三观卖血记》《在细雨中呼喊》《兄弟》等。这种长期稳定的合作关系对提升作家和作品的文学声誉具有十分重要的作用。能否请你谈谈你与这些主流出版社的合作过程？你们在交流的过程中，有过误会和冲突吗？有哪些值得吸取的教训和经验？

余： 1994 年法国出版了我的两部书，一部是《活着》，一部是小说集《世事如烟》，这是我最早在国外出版的小说，至今（2013 年）有 19 年了。回顾这段时间，我在国外的出版是一个慢热的过程。我 1995 年去法国的时候，见到了《活着》（法文版）的编辑，最大的出版社阿歇特的编辑，也见到了《世事如烟》（法文版）的编辑，一家小出版社比基埃的编辑。当时《许三观卖血记》快要写完了，我告诉这两位编辑，可是他们对出版《许三观卖血记》没有兴趣。这时候巴黎东方语言学院的汉学教授何碧玉刚刚担任南方书编的"中国文学丛书"主编，她长期以来欣赏我的作品，一直关注我。她拿到《许三观卖血记》的打印稿，读完后很兴奋，立刻说服南方书编买下版权，1997 年就出版了。后来我的书全部在南方书编出版，这是一家非常好的出版社，我开始的几本书都让他们赔钱了，可是他们告诉我，只要是我的书，就是赔钱也会继续出版。他们对我有信心，谢天谢地，后来让他们赚钱了，尤其是《兄弟》，在法国非常成功。兰登书屋对我也是一直保持信心，他们已经出版了我五本书，明年将出版两本新的——短篇小说集《黄昏里的男孩》和《第七天》。他们2003年出版了《活着》和《许三观卖血记》，此前这两本书的英译本在美国转了几家出版社，几个编辑都说喜欢，可是没有出版和推广中国小说的经验，他们都放弃了，然后转到哈金的（英文版）编辑手上，她是著名的编辑，是兰登书屋旗下最有声望的克诺夫（Knopf）出版集团的副总裁，她喜欢这两部小说，而且她编辑哈金的书在美国成功以后，就有了出版中国小说的经验和信心。她当初觉得《活着》和《许三观卖血记》可以分别销售5000册，结果《许三观卖血记》销售了13000册，《活着》销售了34000册，现在十年过去了，《活着》每年仍然能销售近4000册。《在细雨中呼喊》是2007年出版的，起初他们专门开了一个会议，讨论的结果是不出版。我的编辑告诉我，《活着》和《许三观卖血记》在美国出版后情况还算不错，如果接下去出版《在细雨中呼喊》的话，我在美国的前途有可能夭折。我坚持要出版，我说夭折就夭折吧，他们还是出版了。到了《兄弟》的时候，我的编辑已经非常信任我了，还没有一个字翻译成英文，她就开价15万美元买下了版权。这次的《第七天》，我要求英文版明年出版精装本，后年出版平装本，她就把这个要求写进了合同。美国是全世界出版外国文学作品最难的地方，我很幸运遇到现在的编辑，她很尊重我，十多年来一直如

此。2003 年的时候她就拿到《黄昏里的男孩》的英译本，
她说她会出版，但不是现在，希望我信任她，给她时间，
等到时机成熟的时候她就会出版，意思是等我在美国有了
影响力以后再出版，因为短篇小说集的市场前景远不如长
篇小说。我信任她，等了十年，2014 年 1 月终于要出版了。
《纽约客》2013 年 8 月 26 日这一期发表了其中一篇，同
时介绍我将要出版的《黄昏里的男孩》。《纽约客》的发表
让我的编辑很兴奋，因为他们每期只发表一篇小说，很不
容易。《纽约客》的小说主编很喜欢我的这部短篇小说集，
给我写邮件说期待以后继续合作；在《纽约时报》评论版
负责我的专栏文章的编辑也看到了《纽约客》上的短篇小
说，写来邮件祝贺，说他热烈期待着《黄昏里的男孩》出
版。所以我觉得我的编辑让我等十年是对的，如果是十年
前就出版，《纽约客》是不会发表其中一篇的。我的编辑在
美国一步一个脚印把我往前推，我们一直以来互相信任。
当然也有不同意见的时候，2008 年她拿到《兄弟》英译本
的打印稿时，厚厚一叠把她吓了一跳，她和我商量是否做
一些删节，让书薄一些，因为美国读者很难接受太厚的小
说。我没有同意，她尊重我，就没有做任何删节。

高：中国文学对整个世界文学的影响力的大小不仅取决于上述
　　我们谈到的几个问题，同时也被外国读者的阅读视野和接

受方式所左右。你的作品在国外的影响力很大，得到了包括主流媒体在内的专业读者群的高度评价，这是非常不容易的。以《兄弟》为例，法文版被法国主流社会称为"当代中国的史诗""法国读者所知的余华最为伟大的作品"，英文版也得到《纽约时报》《纽约客》《华盛顿邮报》等众多美国权威媒体和一些著名评论家的好评。能否请你谈谈，对于你作品中的中国文学特性，他们是怎样去欣赏的，他们是否会特别关注作品内容是否具有社会性、批判性，乃至政治性。

余：首先是小说的文学特征吸引了出版社的编辑，他们出版了，然后评论和读者关注了，当然这些关注里有很多社会和政治的成分。《兄弟》出版以后，德国有些书评非常惊讶这本书为什么在中国没有被禁止，法国和美国也有类似的惊讶。他们的书评在赞扬这部小说的艺术性的同时，也关注到了这部小说的社会性、批判性和其中的政治性。我去美国和欧洲各国为《兄弟》做宣传时，他们赞扬我很勇敢，我说不是我勇敢，是中国社会越来越开放和宽容了，否则我再勇敢，《兄弟》也无法出版。明后年将是《第七天》的欧美出版高峰期，到了那时候欧美的书评人会更加惊讶，他们肯定无法想象《第七天》可以在中国出版。当初《在细雨中呼喊》英文版出版时，《时代》周刊有一篇书评，说这是一本持不同政见的小说。西方社会对中国的了解是滞后的，他们经常不理解我怎么可以畅通无阻地在中国出版这些小说，从这个意义上说，我在让西方社会了解今日中国时起到了一些实际作用。我记得有一篇英文的书评里说：如果用艺术的进步来衡量一个国家的发展，那么《兄弟》告诉我们，中国社会已经发展到了相当的程度。

高：刚才我们主要谈论的是包括主流媒体在内的专业读者群。此外，普通读者对作品的接受和反馈也在很大程度上决定了文学的影响力。大家都知道，让国外广大的读者喜欢上中国当代文学是非常不容易的。比如在美国，普通读者对现当代中国文学的好奇心并不强，因为美国在过去很长一段时间里都不重视域外的文化，这就影响了普通民众对翻译作品的接受。不过，《兄弟》在欧美市场的销量非常好，你也经常受到国外出版社、大学的邀请，到世界各地巡回演讲、访问、推广作品，和当地的读者面对面，能否请你谈谈你对西方读者的看法？这些年来，国外读者的构成是否发生了一些变化？他们的阅读趣味是否也发生了一些变化？

余：我印象中的西方读者阅读面十分宽广，尤其是法国读者，什么叙事风格的小说都读过了，什么样的小说都不会让他们接受不了。《兄弟》里的粗俗让一些中国读者难以接受，可是西方读者没有问题，他们中间有人问过我，《兄弟》里哪些内容让这本书在中国争议很大，我说出来争议的部分时，他们感到难以理解，因为比《兄弟》粗俗的西方小说太多了，美国的《科克斯评论》称《兄弟》是一部污垢斑斑的伟大小说。《第七天》还没有在欧美出版，但是我想出版后的情况会和《兄弟》差不多，在中国充满争议，在欧美不会有什么争议。中国一些读者批评《第七天》里有太多的社会热点新闻，类似的外国小说其实不少，像《2666》的第 4 章"罪行"里，罗列了 100 多个奸杀案，都是从报纸上拿下来的新闻事件，没有读者去批评这个，就是生活在那个地方的读者也没有站出来批评《2666》。有一些人说我的小说是写给西方人读的，所以西方读者理解起来没有问题，这个说法是不成立的，因为我的小说在中国受到的欢迎远远超过西方。《兄弟》在法国出版后广获好评，我的英文译者在网上读了法语的评论，来中国时告诉中国的几位评论家，说这本书在法国很受好评，这几位评论家说那是因为法国的评论者没有读过我以前的《活着》和《许三观卖血记》，他们不知道不少法语评论里都拿《活着》和《许三观卖血记》来跟《兄弟》做比较。

高：从总体上来说，目前文学还处在边缘化的地位，尤其在当今的读图时代，图像文化一步步挤压着印刷文化。从一个方面来看，图像可以推动文学作品的传播，比如《活着》拍成电影后，在法国、美国、英国等地屡获大奖，这也反过来推动了原著各个译本的销售。莫言的《红高粱》也是这种情况。但是从另一个方面来看，现在步入 21 世纪，网络、手机、影像等多媒体的普及，也让文学被随意更改，甚至干脆被符号和图像取代，读者群也逐步流失。同样，文学译介也面临着很多类似的变化和挑战。能否请你谈谈，目前你的作品译介是否受到了这些新媒体的冲击和影响？作为对外传播的新方式，它们有没有促进作品在国外的推广和接受？同时，它们有没有带来一些消极的变化和阻碍？我们应该怎么应对这些挑战，并通过对文学作品的译介来反映中国文化的深层信息和特征？

余：确实如此，中国电影，尤其是张艺谋的早期电影曾经帮助中国的小说走进西方，但是近十年来情况变了，中国小说在西方世界的影响已经超过中国电影。这和审查制度有关，电影审查太严格了，很多导演拍不了自己想拍的电影，只能去拍一些迎合市场的电影，这些电影在中国的市场上获得了成功，却失去了电影应有的价值，也就失去了中国以外的观众。中国电影玩大片是玩不过好莱坞的，只有拍出真正意义上的好电影，而不是胡编乱造的电影，才能重返世界电影舞台。我曾经说过，现在进电影院看不到和我们有关的生活，看到的都是和我们无关的传说。小说的审查相对宽松很多，所以中国的小说一如既往在努力，慢慢地在西方世界影响越来越大。至于边缘化，我觉得对于文学，边缘化是它正确的位置，文学从来都不应该是中心，文学的力量是用耐力来表现的，它不是百米飞人大战，它是马拉松，当很多时髦的和轰动的消失之后，文学开始告诉我们它存在的理由。至于新媒体的冲击，西方好像没有中国这么激烈，这可能和西方有效的知识产权保护有关，我的书在西方出版后，同时也有电子书销售，但是电子书的价格比纸质书没有便宜太多，这对电子书的销售是有影响的。兰登书屋给了我一个账号，我可以上去查自己英文版小说的每周销售情况，纸质书的销售始终多于电子书。也许将来纸质书会消失，但是文学不会消失，只要文学不会消失，我一点也不用担心。不管是什么样的挑战，都会过去的，我们只要做到视而不见，写该写的作品，翻译该翻译的作品，那些挑战也就只好自娱自乐地从我们身边晃过去了。

高：近年来，中国文学界一直在不断努力，使得中国当代文学走向世界的步伐明显加快，影响力也在逐渐扩大。但就整体而言，中国当代文学在国外的译介要走的路程还很远，我们的"译入"和"译出"之间仍然存在着明显的不均衡现象。文学译出的数量和美国、德国、日本等国文学在中国译入的数量相差悬殊。另外，由于我们与其他国家的文化差异巨大，文学作品的翻译难度很大，我们的翻译队伍阵容不够强大，翻译得到的报酬太低、认可太少等等，这些都是亟待解决的问题。作为一个有众多作品被成功译介的著名作家，能否请你为中国当代文学"走出去"的整体现状把把脉？你觉得目前存在什么样的问题和阻碍呢？

余：中国在文学上目前仍然是进口大国、出口小国，不过世界上文学出口多于进口的国家也不多，美国是一个，其他国家不好说，法国文学出口量很大，可是主要是其过去时代作家的经典作品。仅从当代文学来说，中国现在的上升趋势不错，如果不算总量，只算增量，中国文学出口可以在世界上名列前茅了，因为我们的基数低，所以增长看上去十分喜人。不过中国文学想在当代世界文学舞台上扮演主角的机会十分渺茫，这个主角被美国人占据了，凡是被美国人占据的位置，就很难挤掉他。但是中国文学在这个舞台上不能总是跑龙套，不能总是群众演员，怎么也得争取个配角过来，要想成为配角的话，翻译是主要问题。现在国外翻译中国文学的汉学家正在减少，尤其是优秀的翻译家，一部分年纪大了，一部分工作压力太大，没有时间和精力继续从事翻译，这是因为翻译家所得到的报酬太少，无法靠翻译养活自己，中国的翻译家也是一样，这个问题要解决的话，就需要出版商出手阔绰，可是出版商都是葛朗台先生。好在很多翻译家是出于对文学的热爱从事翻译，不是为了挣钱。

高：刚才谈了很多的问题和阻碍，不过，我们现在面临着一个前所未有的大好时机。当前，国家提出"文化强国"的奋斗目标，非常重视中国文化"走出去"。各级政府目前都在采取各种积极措施，推动中国文学走向世界，成为世界文学的一个重要组成部分。这需要文学界、翻译界、翻译研究界、对外汉语言文化推广和传播机构的努力，也需要不断加强中外语言文化交流。不过我们"走出去"的步伐不能太急促，不能太盲目。尤其是中国当代文学，我们要了解国外需要什么，读者喜欢什么。你一直很关注中外文化交流，也一直喜欢阅读和研究外国文学，了解外国图书市场。能否请你谈谈，你对中国当代文学的对外译介和推广有什么建议？你觉得我们的政府和文化管理机构应该采取什么样的激励措施来帮助中国文学"走出去"，扩大中国文学在国际的影响呢？

余：我们政府给予作家的作品走向国外的支持力度可能是世界上最大的，我知道过去的日本很大，现在不能和中国比了。但是这里面有两个问题，首先政府拿出资金来是为了支持优秀的文学作品走出去，可是往往是很一般的作品得到了资助。三年前我在欧洲遇到一个中国人，他在搞出版中介，向中国有关部门申请出版资助，他告诉我几本书的书名后，我就明白那几本书的作者肯定是跑了关系的。其次，不要以为出版了就是成功，很多书出版后无声无息，这和没有出版一样。真正优秀的中国小说，就是没有政府资助也会得到出版机会，而且得到国外好的评论和国外读者的赞扬。当然，对于一部作品是否优秀，每个人的看法不一样。

高： 非常感谢你结合自己的文学和文化交流经验，为当代中国文学的译介现状诊脉，提出了许多宝贵的意见和建议，这可以帮助我们很好地反思我们的文学译介事业。相信在不远的未来，在大家的共同努力下，中国文学对外译介和外国文学作品在中国的译介一样，会迎来一个百花齐放的美好局面。最后，能否请你送几句话给我们的翻译工作者？

余： 继续译下去吧，就像我继续写下去一样。我成为作家之前是牙医，对我来说，作家这个职业再不好也比牙医好，小说怎么也比牙齿有意思；你们以前都是大学生，被教授训斥，准备无聊的考试，现在你们是教授，是翻译家了，翻译家这个职业再不好也比大学生好。既然往回走不是一条好路，就只有往前走了。

（原载于《中国翻译》2014 年第 3 期）

翻译作品是属于翻译家的。优秀的翻译家，已经成功地把非母语移换成了他的母语。翻译作品也许丧失了一些原母语的审美意味，但也许又增添了新母语的审美意味。

——池　莉

"更加纯粹地从文学出发"

——池莉谈中国文学译介与传播

高　方　　池　莉

　　池莉是法国译介最多的中国当代作家之一，她在法国拥有众多的读者。在法兰西的语境中，池莉的文学生命得到了拓展与丰富。我一直想找机会就中国文学的对外译介问题请教池莉女士，2013 年年初，通过许钧教授与池莉取得了联系，给她发了笔谈提纲。池莉当时一直在忙于创作一个新的长篇。到了下半年，她一完成长篇，便细心回答了我们提出的问题，结合她自己的文学作品的外译与接受，谈了许多富有启迪性的想法和观点。在给许钧教授的信中，她说每一个问题，她都用心回答了，文字也认真推敲过，希望发表时不要删改。下面就是与池莉笔谈的全部文字。

高方（以下简称"高"）：池莉女士，你好，非常高兴能邀请到你和我们一起谈一谈中国当代文学的海外译介这个话题。对于国内学界来说，这是一个近期才引起广泛关注的新课题，但相信这个话题对于你来说并不陌生，早在1996年，北京的中国文学出版社就出版了一本你的法文版中篇选集。1998年，你的《烦恼人生》又被法国的南方书编（Actes Sud）出版社翻译出版，这应该说是你在海外译介真正的起点，至今（2013）15年已经过去了，这15年间你在海外的译介情况如何，能不能给我们介绍一下？

池莉（以下简称"池"）：抱歉，我没有专门整理过自己作品的海外译介的情况，无法详细和准确，我说说大概印象吧：印象中在（20世纪）90年初，最早好像是中国文学出版社的"熊猫丛书"，有《烦恼人生》《太阳出世》等作品的英文版，后来才是法文版之类的。国外出版社翻译出版，至今为止，最积极最活跃的是法国。应该是1996年圣诞节吧，当时我应邀在德国特里尔大学举办讲座，独自一人乘坐空荡荡的火车，从特里尔到巴黎，与Actes Sud见面，签了出版合同。此后，至今，Actes Sud一直不断地在翻译出版我的小说，各种版本加起来，将近20本了吧。最近的应该是《生活秀》，现在他们正看我的最新小说《她的城》。其他国家中，日本比较积极，也开始得比较早，还有美国、西班牙、意大利谈过几次均未果，以色列也谈过几次未果，德国洪堡大学的梅薏华教授曾有翻译，我在德国参加的小说朗诵会，也有梅教授与我配合，还有韩国、泰国、越南等。

高： 20 世纪 80 年代中国当代文学空前的大发展引起了西方世界的注意，当时的西方汉学家和出版社对中国当代文学充满兴趣，非常渴望将这一新兴文学的最新发展和多样性呈现出来，和你同期在 80 年代就已经写出代表作的作家莫言、苏童等人在 90 年代初就已经被译介到西方。你的情况和他们有点不一样，南方书编《烦恼人生》法译本问世时距离原作发表已经有 11 年的时间，你是怎样被汉学家和出版社发现的呢？就你所知，是什么吸引了他们在这么长时间之后翻译你的旧作？

池： 我真还没有想到过这个问题，也没有比较过其他作家。我觉得一种语言对另外一种语言的文学翻译，有段时间上的间隔很正常。不同民族不同语种之间，传播需要时间，认识作品和作家需要历史关注度与文化契合度的机缘巧合，世界如此复杂多变，其中各种因素就太多太多了。中国一向对外国作品很热，很敏感，很喜欢，翻译出版得又快又多，外国出版界对中国文学的反应不是这样的。

　　至于我是怎么被他们发现的？我不知道，也没有问过他们。有一个小故事可能说明一点问题：早年曾有一个翻译家来北京，住北大外宾招待所，去邮局寄书到武汉给我，邮递员一看，喜出望外，说："啊寄给池莉啊，我好喜欢她的书！"这位翻译家当场被震动。不过这完全是极小极小概率的故事。业内有更便捷更高效的通道：由高校文学教授或知名文学评论家推荐给汉学家，汉学家推荐给出版社。

高：你能够被一位欣赏你的汉学家发现是非常幸运的，我们知道在早期的时候，西方出版界和中国作家直接接触的机会比较少，主要依靠汉学家的推荐和介绍。经过二十几年的译介发展，国际文学经纪人制度开始介入中国文学，余华、莫言、毕飞宇等人都有了自己的文学经纪人。这些文学经纪人会向国外出版社推荐新的作家和具有出版价值的作品，不过拥有文学经纪人的作家毕竟是少数，而且由于汉语在西方世界是一种少数语言，海外出版社对中国作家的发掘渠道似乎还是比较有限，经常有出版社发出好作者难找的感叹。就你的观察，中国作家与国际出版界的接触渠道有所拓宽吗？你自己的国际出版事务是如何处理的呢？在和国外出版社的接触中有没有观念上的差异和碰撞？

池：前前后后，也有些国外文学经纪公司或经纪人找过我。有德国的也有英国的，记得也曾在香港约见过，也谈过具体合同，最终还是没有达成合作。这个应该是我有问题，性格不太好吧？比较妄自尊大吧？狭隘的民族自尊心平时也没有，一和老外谈合作，就容易出来作祟。我不能够同意他们的收费高，我的版税低，他们的义务少，我的义务多，版权使用的期限太长，语种范围太广，诸如此类吧。总之，我知道中国作家在海外读者不多，发行有限，人家赚不了钱，只是我更乐意被公平对待，双方都有比较平等的责权利。既然中国作品在国外不赚钱，既然不赚钱他们也要出版，那么就一定是基于该作品在其母语读者中的价值，那么你则应该在出版合同上，至少表现出对这种价值的基本尊重。

在谈出版合同过程中，差异和碰撞肯定有的，我和法国 Actes Sud 于 1996 年在巴黎第一次见面，他们给我看第一份合同，我就提出异议：一是版税低了；二是我是中国作家，出版社应该给我准备一份中文版合同。最初主编一愣，我和他大眼瞪小眼，回头他同意了。感谢 Actes Sud 的理解包容和慷慨大气，协议达成，之后我们一直有商有量地翻译出版到今天。而我的书，15 年来在法国都还不错，读者群量不算太少，出版社是有盈利的，合作双方都愉快。

就这样，我很简单。我也不管拓宽不拓宽。反正就是姜太公钓鱼——愿者上钩。我认为一个作家，如果他的母语读者在相当长的时期内喜欢他、被他深深影响，就算这个作家一个字都没有在外国翻译出版，他也是最好的作家。如果一个作家的国外翻译出版又多又好，能够确定的一点只是：他遇到了最好的翻译家。

高：除了与出版社的合作，与译者的关系对于作家的海外译介
也是非常重要的。与译者保持良好的沟通，对于作品翻译
质量的提高，作家文学形象的塑造都有着积极作用。巴黎
东方语言文化学院的何碧玉教授既是你的法国译者，也是
出版你作品的南方书编出版社"中国文学丛书"的主编，
我知道你和她一直保持着良好的互动，你和其他国家的译
者有联系吗？在你看来，作者与译者之间理想的关系应该
是怎样的？

池：我几乎和所有翻译我书的译者都有联系。在翻译期间，联
系还会比较频繁。比如德国的、日本的、韩国的、美国的。
十几年来一直有比较多联系的，应该是何碧玉教授了。最
初何碧玉的名字并不叫何碧玉，那时候我对法文也还很陌
生。何碧玉写信联系我，名字是法文缩写，以至于我一直
以为她是个男生，直到她在巴黎火车站接我，原来是一个
苗条玲珑精致的法国女士。何碧玉身边还有安比诺教授，
他也是一个了不起的人。还有邵宝庆教授以及其他几位法
国翻译家。他们都被何碧玉团结在一起，前前后后翻译了
我的多部小说。何碧玉教授的文学感觉特别细腻精准，不
放过每一个细节，常常会询问我许多问题，力图让法文版
更加完美。这种良好合作，对我来说，就是很理想的关系。
我要说感谢都嫌轻浅，我真的很感恩。

高： 我发现何碧玉在对你的作品进行选择时有着自己独特的标准，她选择翻译的你的作品非常多样化，有一部分是你作为"新写实"作家最为人称道的作品，也是国内文学评论界普遍认为的你的代表作，比如《烦恼人生》《太阳出世》《你以为你是谁》《生活秀》。另一部分作品则很难归类，比如涉及历史题材的《预谋杀人》《你是一条河》，写作重心放在个人心理体验和人性探索上的《有了快感你就喊》和《看麦娘》，讲述残酷、丑恶的人性故事的《云破处》。她对你的理解并没有局限于"新写实"作家的标签，也没有把对中国人日常生活和普通人情感的细腻描写当作你唯一的长项，这是十分难得的。你怎么看待她的这种文本选择？

池： 无疑是智慧。何碧玉教授是出类拔萃的。她的出类拔萃在于：除了良好的专业知识，除了对中国文学的巨大阅读量，还在于她对中国文学有着超乎专业的直感，这种直感是一种智慧，使她具有了独立判断能力。而许多汉学家被局限在圈内，几乎完全靠圈内推荐，很容易被圈内牵着鼻子走。何碧玉教授则是圈内圈外都有掌握。

　　还有一个人文观念问题，中国文学教授，面对社会与人群，超脱不了长期意识形态熏陶而成的潜意识，会把人分三六九等，比如普通人、老百姓、小市民与贵族、精神贵族（知识分子）、各界高层精英。而在法国人眼里：人就是人，文学就是写人，人人平等。因此，何碧玉选择我的作品，很自然只会看文学意味和人文意义，不会跟着中国文学评论和文学舆论走。不仅仅是对我，对其他作家作品的选择，她也如此，比如余华。

高：何碧玉不仅是一位眼光独到的编辑，也是一位中法文俱佳的优秀译者，她参与翻译的你的《云破处》和《你是一条河》受到了法国评论界和读者的高度评价，但她的翻译并非传统意义上的忠实，在《云破处》译本中她对你的语言进行了"净化"和"简化"处理，一方面删去了一部分反复出现的脏话，另一方面将一些比较繁复的表达精炼化。她在翻译《有了快感你就喊》的书名时也没有采用直译的方式，而是采用了一个比较平实的标题，译为《绝佳男人》。你们在翻译问题上有交流吗？你如何看待这些翻译上的"改写"？

池：有啊！我们在法国小城阿尔勒，面对面讨论过《有了快感你就喊》《云破除》等等。我知道她的想法，我也知道我没能说服她，但我非常尊重她的翻译，相信她的法语表达会更加符合法国读者的心理与习惯。其实所谓外文出版，出版的就是翻译家，不再是母语的作家。

　　不过我得明确一点：我们讨论的是涉及"性意识"之类的感觉与尺度怎样表达，才比较忠实于原著又比较符合法国读者的阅读习惯。我们谁都没有认为我的小说有什么

"脏话"需要"净化"处理的。

高： 你在《〈有了快感你就喊〉写作日记》中曾写道，"自己母语的读者才是自己作品的上帝，只有他们，才能够咀嚼你的文字，才能够领会你传达的真正意义"，但你的作品《云破处》在法国获得的成功似乎改变了你的想法，我看到你在一些采访中表示对法国读者认识你的作品的深刻程度感到很惊讶。语言的转换当然会造成作品在审美形式和意义表达上的一些流失和变形，异域读者不同的知识文化背景也会造成他们对作品的理解与母语读者有一定的差距，但我们不应就此低估文学的穿透力和人性的共通性，否认翻译的价值。与过去相比，你对这个问题有新的理解吗？

池： 首先，我要再次肯定我的一个观点：作家就是属于母语的，母语也就是属于作家的，这是血缘关系，是文化基因遗传，不可能改变。当然只有母语读者才能够完全彻底咀嚼你的文字，领会你传达的真正含义。

同样，我要再次肯定我的另一个观点：翻译作品是属于翻译家的。优秀的翻译家，已经成功地把非母语移换成了他的母语。翻译作品也许丧失了一些原母语的审美意味，但也许又增添了新母语的审美意味。

要知道，我以上两个观点具有高度同一性，一点不矛盾，既不存在低估文学的穿透力，也没有丝毫否定翻译对人类文化交流的巨大价值。那年去巴黎看我的《云破处》演出，舞台剧的改编以及书的发行量，的确令我震惊和喜悦。那正是我震惊和喜悦于人性的共通性和文学的穿透力。

高：你的作品在法国的销量很高，可以说是中国文学作品中的佼佼者，像我们刚才提到的《云破处》，累计销量已经达到了几万册，2005 年还被法国导演改编成话剧，在巴黎上演 40 多场，这在中国作家中是极为罕见的。据你的出版社介绍，你的 8 部作品的总销量已经达到十几万册。你在中国就是一位受到大众喜爱的畅销作家，大家特别喜欢你口语化、平民化的语言，对生活细节的准确还原，但是你在法国受欢迎的原因似乎并不完全相同，喜欢你作品的法国读者中似乎女性居多，吸引她们的并不单纯是你所描写的具有中国特色和武汉风情的形而下内容，是这样吗？

池：呵呵！我同样的作品，在中国被读者喜爱，就是"平民化形而下"，在法国被读者喜爱，就是什么呢？没人敢说。对法国巴黎优雅的读者们，再没有中国评论家敢说她们"平民化形而下"了。真是很有意思！

这么说吧：我们的新时期文学毕竟脱胎于"文革"时代，划分阶级的习惯，划分阶层的习惯，划分"左中右"的习惯，贴标语、举旗帜的习惯，抢占道德高位对他人评头品足的习惯，都不可能一下子改变。你的文学太真实了，你把本以为是精神贵族的知识分子都给真实出"小"来了，人家就接受不了，只能说你写的是别人，是那些底层人小市民，这种私心里的疼痛和本能护短，我完全理解，就随便说去好了。不过我敢说法国读者，他们的阅读，是更加纯粹地从文学出发。

高：《云破处》在法国获得的成功的确是有些出人意料的，这部作品篇幅短小，在中国出版时似乎反响不大，但在法国却引起了许多读者的共鸣，你觉得造成这种差异的原因是什么？

池：原因也许正是我说的，法国读者的阅读，会更加纯粹地从文学出发。《云破处》并不短小，就是通常的中篇小说，法文翻译出来，正好一本小 32 开的书。当初《花城》杂志也很喜欢啊，刊发给的也是头条位置啊，《小说选刊》也已经决定转载，是审稿时被迫下稿的，因为暴露了人性阴暗面，影响不好。在法国引起读者喜爱和共鸣的原因没有差异，同样也是阴暗面。只是法国读者对阴暗面的感受和认识不一样，他们感慨说：一部小说可以让人发觉自己灵魂深处的阴暗，让人战栗，简直太妙了！

高：在西方，普通读者和主流媒体对中国文学作品的接受并不总是一致。西方主流媒体在阐释当代中国文学作品时往往出于对中国社会的好奇和自身意识形态，特别强调作品中涉及的社会政治内容，强化作品的认识论意义，有意无意地拔高作者的觉悟，夸大作品的批判性和讽刺性。你的作品有的涉及普通中国人的生存艰难，有的涉及"文化大革命"这样敏感的历史时期，但你的描述是比较中性、温和的，在对你的作品的解读中，你有感受到这种倾向吗？

池：我没有明显感觉。

高：不可否认，西方国家在对中国文学作品的接受上存在一定的相似性，有一些相似的偏好和偏见，我们在谈作家的海外接受的时候往往把西方国家作为一个整体在谈，但事实上这些国家的社会文化背景不尽相同，例如法语世界和英语世界对同一位作家的接受往往是有所差异的。很多人可能不知道在西方国家中法国一直是对中国文学兴趣最大的国家之一，在译介中国文学上所下的功夫、具有的影响不亚于美国。法国有着悠久的汉学传统和文学传统，特别注重世界文化多样性的维护，你在译介过程中有感受到法国社会在接受你的作品、接受中国文学上某些突出的特性吗？你在法国的译介已经有十几年的时间，而你在其他国家的译介似乎是近几年才兴起的。在法国的译介对你在其他国家的译介有推动作用吗？你觉得不同国家之间的译介有联动关系吗？

池：是的，国家不同，民族不同，语种不同，对文学的选择都
不尽相同。可以肯定的是，法国在民族性、历史性、革命
性、文化性诸方面，与历史悠久的中华民族文化最具相似
之处。两国的互相注意，早就开始了，比如慈禧太后，都
要买最新式的法国首饰。

其他语种对我的译介，有些也很早，比如英语的、日
语的、德语的、韩语的，当年我就是从德国第一次去巴黎
嘛。只是其他语种没有法国出版的这么多，这么好。至于
其他语种之间是否有联动？哦，西班牙巴塞罗那出版社是
先看到我的法文版的。意大利也是。欧洲其他国家首先看
到的，大约都是我的法文版吧。文学之于法国，好比哲学
之于德国，音乐之于（奥地利）维也纳，肯定是最辉煌最
重要的文化标志。

高：你在法国的文学形象和在中国非常不同。在中国，大家习
惯于把你看作一位擅长描绘凡俗生活和描摹生活细节的亲
民作家，而在法国，人们普遍认为你的作品非常犀利，具
有批判意识和女性意识，对人性有着深刻洞察。你如何看
待这两种不同的解读？在你看来，一个国家对本民族作家
的认识是否会具有某种局限性？异域读者对作家的解读是
不是有助于我们从一个新的角度看待我们以为已经非常熟
悉的作家？

池：对于我来说，没有两种，只有一种。法国读者和中国读者的感受，是一样的，没有根本区别。仅仅是中国某些写文学评论的人不一样而已，但是这些人拥有话语权，形成了语言事实。无数次，无数次，那些大学生、硕士生、博士生们问我："池老师，为什么我们翻开你的书就要一口气读完，内心震撼，共鸣很深，非常喜欢，但第二天老师一上课，就把你归类到新写实，说是写的凡俗生活，似乎我们知识分子不应该有共鸣。为什么？"似乎我在前面某个问题里，已经粗浅地试图分析过原因。不过我无所谓。被误读的作家多了。我只是想坦率地承认，在我作品里知识分子、文化人身上所有的俗气、猥琐、阴暗，都是我自己。

高：经过长时间的发展，中国当代文学在西方的译介越来越成熟，从你的作品被连续出版并且取得良好反响就可以看出，西方世界对中国作家的译介越来越系统，中国作家也逐渐开始融入西方主流图书市场。不过另一方面，一些问题依然存在，像我们刚才提到的推介渠道的问题，西方主流媒体的阐释偏见问题等，就你自己的观察和体会，中国当代文学在世界上的出版和接受的趋势如何？哪些问题亟待解决？我们可以做些什么促进这一文学在国际舞台上的发展？

池：抱歉抱歉，对于这些个宏观问题和宏伟目标，我既无观察，也无体会，更无思考。我个人唯一能够做的，就是埋头写好自己的作品。译介事业，我想主要靠你们这些懂语言的专家，靠翻译家，靠许多未知的因素：历史的、社会的、国家的、个人的等等。好在人类对陌生语言和陌生文化，永远都有兴趣，都渴望了解和沟通；好在人类内心深处的痛苦，文学永远是最有效的解药之一。

（原载于《中国翻译》2014 年第 6 期）

即便我们实现了"地球村"式的全球化，生活与文化还是会源源不断地创造新的差异，并且在文学上得到最敏感、最丰富、最直接的表现。在这个意义上，翻译永远是一种朝阳事业，是各种文明实现互鉴共荣的第一要务，是人类组成命运共同体的强大纽带。作为一个读者和作者，我始终对翻译家们心怀敬意。

——韩少功

"只有差异、多样、竞争乃至对抗才是生命力之源"

——韩少功访谈录

高　方　　韩少功

　　韩少功的作品在国外译介起步早，影响广，其创作不断突变，受到了作品译介国媒体与研究界的持续关注。2015 年 12 月，作家韩少功与我们就文学创作、文学翻译，特别是中国当代文学海外译介等问题进行了笔谈，他对翻译的本质与使命，作者、译者与读者之间的互动关系，文学交流中"异"与"同"的辩证关系，以及中国文学在世界文学格局中的地位等问题有着清醒而冷静的思考。

高（以下简称"高"）：韩少功先生，感谢您能抽出时间，接受我的访谈，请先生就文学创作、文学翻译，特别是就中国当代文学在海外的译介问题，谈谈自己的想法和观点。
实际上，关于文学交流与译介，您有切身的经验和持续的
思考。自 20 世纪 80 年代以来，您的作品先后被译为法、
英、西、韩、越、日、德、俄、荷、意、波兰等十多国文
字，在海外广泛传播，有很大影响，能否请您谈一谈，您
的第一部作品是在怎样的语境下被翻译出去的？

韩少功（以下简称"韩"）：最早是一些作品被译成俄文，比如
《月兰》和《西望茅草地》，但俄方给两本样书就完事了，
没有更多联系。当时中国也没有加入国际版权公约。后来，
第一本法文版中短篇小说集《诱惑》出版。那是 1988 年，
我到法国开会和访问，遇到了汉学家安妮·居里安女士，
她后来又介绍出版商与我见面，三方共同敲定了这一件事。
我的第二本法文版小说《女女女》也是在这家出版社出版
的，也是安妮·居里安女士译的。当时中国的国门初开，
改革开始发力，法国知识界和社会公众对中国的"文革"
和改革开放都不无好奇感，小说成为一个认识入口，大概
是很自然的。在西方国家中，法国的"多元文化"视野大
概最为开阔，这也是重要条件之一。

高：20 世纪 80 年代，中国新时期文学蓬勃发展、多元共生的
状态引发了外部的关注与兴趣，一批代表性作家纷纷被介
绍到国外，而您作为"寻根文学"的倡导者和践行者，得

到汉学家、域外中国文学研究者的关注是一个必然。必然之中，也有着相遇的机缘，我们知道，您的作品最早被（授权）译成的外国语言是法语，被译得最多的外国语言也是法语，这应是离不开您的法译者，特别是安妮·居里安女士的持续努力。她是学者型译者，对您每个阶段的写作探索都有追踪和研究，并通过翻译来进行介绍，她所译的作品包括小说集《诱惑》（1990）、《女女女》（1991）、《山上的声音》（2000）、《马桥词典》（2001，节选发表）和《暗示》（2004，节选发表）等。安妮·居里安为推动中法文学交流做了许多工作，您和她有着近30年的交情了，一直有着良好的互动，您也在不断见证着中法文学之间的互动、交流与对话，因为您作品在法国的影响以及您对中法文化交流做出的贡献，您于2002年获得法国文化部颁发的"法兰西艺术与文学骑士勋章"。能否请您谈一谈翻译在文学、文化交流中所起到的作用？

韩：说实话，翻译是文化交流中的重中之重，是最实质性的工作。相比之下，开会、展演、旅游等，要么是缺乏深度，要么是参与面小，充其量也只是一些辅助形式。就说开会吧，一个人讲十几分钟，讲给几十个人听听，可能还夹带不少客气话和过场话，能有多大的信息量？翻译好一本书，其功德肯定超过几十个会。我们很难设想，如果没有林纾、傅雷、王道乾、李健吾、郑克鲁等翻译家，中国人心目中的"法国"是个什么样子,将会何等的空洞和苍白。在这个意义上,我们要特别感谢翻译家。你提到的安妮·居里安女士,当然是我的朋友和优秀的合作者。她在语言、文学、中国文化等方面都有良好的修养,持续和广泛的兴趣非同寻常。《马桥词典》全书也由她译完了,最近将要出版。还有杜特莱先生,他翻译的《爸爸爸》再版多次,可见译文质量不错,受到了读者欢迎。这些汉学家隐身在作者身后,不大被一般读者注意,其实是默默无闻的英雄。

高:据我们的了解,除您的小说外,安妮·居里安还曾译过沈从文、陆文夫、汪曾祺、史铁生、杨炼等作家的作品。您曾撰文《安妮之道》,专写居里安女士,谈了您对安妮的认识,您对安妮的翻译有着独特而深刻的理解。文中,您说"如果说翻译也是创作,那么法国人心目中的这些作家已非真品,其实有一半是她的血脉,她的容颜",这是否能够理解为您对于原作和译作、作者和译者之间关系的一个隐喻?

韩:当然是这样。一位西方学者说过,翻译不是 production(制造品),而是 reproduction(再造品),相当于二度创作,并不是照葫芦画瓢的那种机械性转换。译者处在差异性很大的两种语言、两种文化背景、两种生活经验之间,要兼顾"信达雅",实现效益最优化的心智对接,并不是外行想象的那么简单。现在有了翻译软件，在商务、新闻、日常用语的翻译等方面大体还行，可提供一定的帮助，但对文学翻译基本无效，甚至往往坏事。原因就在于文学的感受太丰富了，一词多义，一义多解，微妙意味的变数太多，经常出现超逻辑或非逻辑的状态，很难固化为机械性的线性编码。常见的情况是，有些好的原作被译坏了，有些比较弱的原作则可能被译强了。依据同一本原作，不同的译本也都面目各异，特别是在语言风格上可能形同霄壤。最近有人拿不同译者笔下的泰戈尔《飞鸟集》来比较，就吃惊得大跌眼镜。这都证明，文学译者有更大的"自选动作"空间，有很大的个人裁量权，说他们是半个作家并不为过。

高：在当代作家群体中，您是为数不多的做翻译的小说家。您曾倾力译过昆德拉的《生命中不能承受之轻》和费尔南多·佩索阿的《惶然录》，通过翻译实践，您对于语言也有着更为深切的体会。您曾在不同场合表达过一些观点，大致归纳应是这样：文学中的人物美、情节美、结构美等等大体上是可译的，而对语言特别下功夫的作家，往往面临着美不可译的挑战。那么，在您看来，在您自己的作品中，有哪些语言或语言之外的因素有可能体现出一定的或绝对的抗译性？

韩：一般来说，器物描写比较好译。但有些器物在国外从未有
过，比如蓝诗玲女士做《马桥词典》英译时，我把一些中
国特有的农具画给她看，她也无法找到合适的译名。中国
的成语更难译。外语中也有或多或少的成语，但中文的成
语量一定最大——这与中文五千多年来从无中断的历史积
累有关。一个成语，经常就是一个故事，一个实践案例，
离不开相关的具体情境和历史背景，要在翻译中还原，实
在太麻烦，几乎不可能。中文修辞中常有的对仗、押韵、
平仄等，作为一种文字的形式美，也很难翻译出去——类
似情况在外译中的过程中也会碰到，比如原作者利用时态、
语态、位格等做做手脚，像美国作家福克纳和法国作家克
洛德·西蒙那样的，意义暗含在语法形式中，因中文缺少
相同的手段，也常常令译者一筹莫展。还有些差异，来自
一种文化纵深和哲学积淀，浓缩了极为丰富的意蕴，比如
英文中的"being"很难译，中文中的"道"也很难译。把
"道"译成"道路""方法""态度"等都不对，都会顾此失
彼，离"道可道，非常道"的意境太远。因此，我们可能
不必对译作要求过苛。古人说"诗无达诂"，文学大概也没
有绝对的"达译"。我个人的看法是，能够把损耗管控在一
定的程度，就应该算成功。

高：《马桥词典》是您创作历程中又一力作，它以语言为叙述对

象，阐述了一个中国文化寓言。这在语言和文化两个层面对传译都带来了极大的挑战。然而，从接受的角度来看，这部作品的英译本是成功的。2003 年英国汉学家蓝诗玲推出了《马桥词典》的英译本，由美国哥伦比亚大学出版社出版，获得媒体广泛好评，一方面是对您作品的认可，另一方面是对译者翻译质量的认可；2004 年和 2005 年，该译本又相继由澳大利亚的哈珀·柯林斯出版集团和美国的兰登书屋旗下的矮脚鸡–戴尔集团再版，这也从市场的角度证明了该书在英语世界的成功。2011 年，《马桥词典》获得美国第二届纽曼华语文学奖，译者蓝诗玲可谓功不可没。不过，蓝诗玲在"翻译说明"中特别指出，原文中有五个词条，因传译的困难，需增加大量补偿性翻译信息，会影响读者阅读效果，得到您的允许后，在翻译中得以略去，这五个词条是"罢园""怜相""流逝""破脑""现"，此外还有最后一个词条"归元"的最后一段。我想，您精通英文，应能够理解翻译的具体困难，从这个角度来看问题，翻译的本质是否是妥协呢？除英译本外，《马桥词典》还有荷兰、波兰、西班牙、瑞典及越南等多个语种的译本，您和不同语种的译者是否都有这样深入而有效的沟通？

韩：世界上的事物很难完美。实践者不是相对超脱的理论家，常常面临"两害相权取其轻"的现实难题。在完全不交流和交流稍有折扣之间，可取的恐怕是后者。我在《马桥词典》英译过程中同意拿掉的五个词条，都比较短小，不是太重要，拿掉了不影响全局，所以我就妥协了。翻译过程中的妥协或多或少难免，是否接受，要看情况，不能一概而论。我的原则是保大弃小，以传达作品的主要内容和艺术特点为底线。另一条是宁减不增，其意思是译者要是难住了，可在双方同意的情况下少译一点，但切切不可随意增加。我不能接受译者的改写和代写，因为那样做涉嫌造假，搞乱了知识产权——中国的有些原作者都碰到过这种令人尴尬的情况，比如已故作家周立波曾告诉我，他的英译本《暴风骤雨》就被译者代写了不少。你提到的那些译本，其中西班牙文、波兰文的版本是依据英译本转译的，可能那里汉学家少，合适的译者不容易找到。其他版本的译者都与我有过沟通，大体上沟通得都不错。特别是蓝诗玲女士，她做得很谨慎很仔细，跟着我到"马桥"现场考察了好几天，上山下乡，吃了不少苦头。很多英文读者盛赞她的译文，我对此一点都不感到奇怪。

高：学界有着一致的认识，《马桥词典》能够在域外广受好评，广泛传播，主要在于这部作品的内在价值，在本土文化书写中体现出世界诗意，是民族文学走上世界之路的成功个案。文学"走出去"是近年来的热点话题，您对这个问题很早就有着思考，也一直有着冷静而清醒的认识。在您看来，就文化立场而言，是不是越能体现出异质性的书写，就越能吸引国外出版界和读者的关注？从世界文学这个角度来看，您30年前写的《文学的根》是否还有着现实的意义？

韩：重复总是乏味的，不管是重复古人还是重复外国人。这就需要写作者扬长避短，各出新招，形成个性，术业有专攻，打造特有的核心竞争力，即你说到的某种"异质性"。30年前我写《文学的根》，就是希望中国的写作者做好自己，用好本土资源，形成"中国风"的美学气质和精神风范，不能满足于"移植外国样板戏"式的模仿，不能满足于做"中国的卡夫卡"或"中国的海明威"。但话分两头说，所谓"越是民族的"，并不一定就"越是世界的"。这个定律不完全成立。长辫子和裹小脚是民族的，但它们能是世界的吗？创造个性并不是猎奇，不是搞怪，不是搞一些文学上的"民俗一日游"。相反，在回应人类精神重大问题上，在思想和艺术的创新贡献上，各国同行其实都有共同的价值标尺，几乎是进入同一个考场应考，有同质性的一面，或说普遍性的一面。"口之于味，有同嗜焉。"人家做汉堡包，你做阳春面，但不管做什么，口感和营养不能掉到60分以下，否则你的标新立异就一钱不值。很多中国写作者在这一点上恰恰还做得不够，常常把追求特色变成了狭隘和封闭。

高：目前，尽管我们的很多作家都拿过国际性的文学奖项，各界对促进文学"走出去"也做出了很多实质性、实绩性的工作，但是中国文学在世界文学格局中边缘化的地位还没有得到根本性的改变。20 世纪末，法国有位女学者对世界文学的等级性结构有过论述，得到比较文学学界的广泛关注。她认为文学间的中心—边缘关系，源自语言间的文学资本较量，源自语言间的中心—边缘关系，而汉语与阿拉伯语和印地语一道，虽然广泛被使用，但因为在国际市场上很少被认可，被归入"小"语言和被统治语言的行列。我想，她指的汉语，应是现代汉语。您对于这一论述是如何看的呢？语言因素是否是影响中国文学走向世界的最大障碍？

韩："资本较量"是一个很清醒的说法。西班牙曾代表第一代西方资本主义，因此西班牙语成了全球性大语种。英、美代表了第二、第三代西方资本主义，因此英语继而风行全球，在很多地方还抢了西班牙语的地盘，比如在菲律宾。可见决定等级性结构的，有语言所覆盖的人口数量，有语言承载的文化典籍数量，但最重要的一条，还是资本的能量。语言后面有金钱，有国力和国势。普通话以前在香港边缘化，一旦内地经济强盛了，商铺、宾馆、公司、机场、银行就都用普通话来吸引和取悦内地客，普通话教学成了热门生意。这是同样的道理。汉语、阿拉伯语、印地语之所以是弱势语言，就是因为"含金量"低，因为相关国家曾经很穷，或眼下依旧很穷。人们学习语言首先是为了生存，为了吃饭穿衣，其次才是为了艺术、宗教、哲学之类，因此"含金量"高的语言会成为他们的首选，全球语种的等级性结构也无法避免。如果你说这是人的"势利"，当然也无不可，算是话糙理不糙。据说现在全球有一亿多外国人在学中文，原因当然不用说，是因为中国发展了，大量商机涌现了。但人们这样学的首要目的是来做生意、找饭碗，比如签合同什么的，不是来读小说和诗歌。将来怎么样？不知道。但有一条可以确定：什么时候他们乐意读原版中国文学作品了，就是中文最终摆脱弱势地位了，进入全球市场的语言障碍最小化了。对这一过程，我们不妨抱以谨慎的乐观。

高：有国内评论家称您为"考察中国当代文学的标尺性作家"。在近 40 年的写作过程中，您一直得到评论界的关注，国内的和国外的。请您谈一谈国外研究者对您的解读是不是有不一样的地方？透过来自异域的目光以反观自身的文学创作，是否有所启示呢？

韩：两个读者的解读都不可能一样，不同国家的读者群当然更难全面对齐。我有一个短篇小说《暗香》，里面有一段描写俩老头之间的互相问候，问遍了对方的全家老少，问得特别啰嗦，欧美读者觉得非常有趣，但中国读者对此基本上无感觉。另有一本《山南水北》，记录了很多乡村生活中的体验和感受，在国内市场卖得很好，比《爸爸爸》更受读者欢迎，但除了韩译本以外，进入西方市场并不顺利。似乎很多西方读者更能接受《爸爸爸》的那种"重口味"，更能接受神秘、痛苦、惨烈一点的中国——这当然只是我的一种揣测。我了解情况有限，也没法对双方差异做出一个像样的全面梳理。我的想法是，写作者就像一个厨子，按理说不能不顾及食客的口味，但一味迎合食客反而会把菜做砸。这是常有的事。何况食客口味像月亮，初一十五不一样。如果一一顾及，哪是个头？这样，厨子最好的态度可能就是埋头做菜，做得自己心满意足就行，不必把食客的全体鼓掌当作一个努力的目标；恰恰相反，应该明白那是一个危险的诱惑。

高：您曾多次出访国外，法国去得最多，应该在不同场合和读者有直接的接触。能谈谈您对外国读者的认识吗？法国汉学家程艾兰在谈中国思想、文学、文化在法国的接受时，有一段关于读者的描述，她说："对于法国读者，我觉得还要防备另一种性质的双重危险。一方面要抵制猎奇的诱惑，这种猎奇的渴望长期以来将中国变成一副巨大的屏幕，在这屏幕上人人都可以投射出自己最疯狂的奇思异想；另一方面也不能将自己封闭在过于深奥过于专门的寓言中，以至于吓跑那些好奇而善意的读者。"您对这段话有何感想？有无体会到类似的"危险"倾向？

韩：我理解她这一段话，是要提醒人们防止那些关于东方的惯性化想象。这当然是很重要的提醒。很长一段时间以来，西方对东方知之不多。他们的知识界主流先是以基督教为"文明"的标尺，后来又以工业化为"文明"的标尺，两把尺子量下来，当然就把东方划入"野蛮人"的世界。在西方国家多次举办的世博会，总是找来一些原始人或半原始人，圈起来一同展示，就是要反衬"文明"的优越，"文明种族"的优越。连培根、孟德斯鸠、黑格尔、马克斯·韦伯等很多启蒙精英也都是这样，多少有一些"欧洲中心论"的盲区。这当然会长久影响部分读者对文学的兴趣和理解。问题是有些中国写作者也愿意把自己写得特别古怪。比如有一本书写到中国女人到 20 世纪五六十年代还在缠足。另一本书写到中国女人从未见过裙子，因此到西方后不能辨认公厕门口那个有裙子的图标。如此等等，可见"疯狂的奇思异想"也产于中国这一方，常常是某种里应外合的结果。随着东、西方经济差距逐步缩小，甚至后来者有"错肩"赶超的可能，我感觉近一二十年来双方舆论场上的情绪化因素更多了，不少人相互"恶搞"的劲儿更足了。这当然不算什么。我们要相信欧洲人的智慧肯定不会被偏见绊倒。"好奇而善意的读者",还有同道的作者和译者,最终能纠正文明交流的失衡,化解很多过时的想象。

高: 您的写作有着深厚的思想深度和广度,读您的文字,能体会到您对于文字、文学和文化的不断思考。"异"是翻译,是文学交流的出发点,也是交流的最大挑战。就我的个人理解,我觉得您在《马桥词典》后记中的一段话能很好地揭示翻译的使命、本质和所遭遇的悖论:"所谓'共同的语言'永远是人类一个遥远的目标。如果我们不希望交流成为一种互相抵消和相互磨灭,我们就必须对交流保持警觉和抗拒,在妥协中守护自己某种顽强的表达——这正是一种良性交流的前提。"最后,能否请您为广大翻译工作者提一点希望或者说几句鼓励的话?

韩: 差异是交流的前提,否则就不需要什么交流。之所以需要持续不断的交流,就在于即便旧差异化解了,新差异也会产生。差异有什么不好?依照物理学中"熵增加"的原理,同质化和均质化就意味着死寂,只有差异、多样、竞争乃至对抗才是生命力之源。即便我们实现了"地球村"式的全球化,生活与文化还是会源源不断地创造新的差异,并且在文学上得到最敏感、最丰富、最直接的表现。在这个意义上,翻译永远是一种朝阳事业,是各种文明实现互鉴共荣的第一要务，是人类组成命运共同体的强大纽带。作为一个读者和作者，我始终对翻译家们心怀敬意。

（原载于《中国翻译》2016 年第 2 期）

如何把中国文学中优秀的作品翻译出去，介绍出去？一定得了解中国，了解它的历史，了解它的社会，了解它的文学艺术，要整体来看，全面来看，才能寻找出哪些是好的，哪些是一般的。

——贾平凹

"眼光只盯着自己，那怎么走向世界？"

——贾平凹访谈录

高　方　　贾平凹

　　贾平凹先生是当代中国文学最具代表性的作家之一，但相对于他在国内的重要文学地位与巨大影响力，可以说他的作品在国外没有得到应有的译介与传播。到底其中原因何在？他在文学创作上有何追求？他对自己作品的对外译介有何期待与思考？如何看待中国文学在国外译介中出现的误读？中国文学要走向世界，还有哪些方面需要做出努力？带着这些问题，我们请教了贾平凹先生。

　　贾平凹先生说，他是第一次就文学译介的问题接受访谈。他在访谈中提出了一些非常重要的观点，对我们思考中国文学的对外译介与传播很有启发。下面就是对贾平凹先生访谈的全部内容。

高方（以下简称"高"）： 贾平凹先生，很高兴您能抽时间接受我的访谈。您在为小说《废都》所写的后记《安妥我灵魂的这本书》一文中提到，"好的文章，囫囵囵是一脉山，山不需要雕琢，也不需要机巧地在这儿让长一株白桦，那儿又该栽一棵兰草的"。同时，您也在多个场合谈到您的小说创作观念，即"与天为徒"。那么，能否请您具体谈一谈这一原生状态的创作观，"与天为徒"在您的小说创作中主要有哪些体现？

贾平凹（以下简称"贾"）： 从《废都》之后，我的每一部长篇都有后记，而我的这一些文学观念也在这些后记中。你所提到的这一段话以及"与天为徒"，也仅仅是其中的一点。你谈到的"原生态的创作观"，是评论界对我《秦腔》之后的系列长篇新作品的一种概括，比如陈思和先生提出"法自然"风格：没有主要情景，典型人物，甚至明显主题，在自然描述中显示出人事和时代变化，《秦腔》是代表，提升了现实主义艺术境界。我是赞同陈思和先生的提法的。大自然的规律是春夏秋冬自行运转，一切都自然而然发生，把这样自然的生态形成一个转移的社会，社会也就是自然。《秦腔》是平平静静、琐琐碎碎地把一个村庄的日常生活写出来，当你看到最后，这个村庄就发生了天翻地覆的变化。《古炉》也是这么写的。中国的小说都靠故事写运动，但《红楼梦》不是，它写一个家庭里无数琐碎的事，营造大观园，大观园就是一个属于作家自己的艺术世界。这样的写法是一种"民间立场"，颠覆了从"五四"以来形成的那种写法，还原了社会生活的民间化和日常化。这样或许更真实更生动，更有生命力。我之所以还提到"与天为徒"，意思是这种的写作同时更强调精神指向，它需要独立的思考、批判和对人的关怀。

高：与您主张"自在性"与"原在性"的小说创作观相伴而生的问题，便是有关于您创作灵感的源泉。您在与散文家穆涛所做的《与穆涛七日谈》对话中，谈到一个作家的"根据地"对其创作的重要性："作家的双脚只有先踩在一片根据地上，然后才会有心灵的高遥飞翔。"对于小说创作，无疑您的根据地"一是商州，一是西安，从西安的角度看商州，从商州的角度看西安，从这两个角度看中国"。但是，这种找"根据地"的写作观念，是否会禁锢作家的视野，进而影响其作品在主题与思想层面的延展？比如加拿大汉学家杜迈可（Michael Duke）就曾经说过，"多数当代中国文学作品仍然局限在中国特殊的历史环境里，成了西方文学批评家韦勒克所说的一种历史性文献"。您对于杜迈克的这一观点有何看法？"根据地"的写作观念，是否会束缚中国作家的创作母题，进而限制中国当代文学"走出去"的脚步？

贾：中国作家肯定是写中国的社会生活，我曾说过中国的历史、中国的社会，尤其在这个时代，它形成了我们中国当代文学的"这一个"品种。杜迈克先生的话其实也是对的，也是我所不满意的中国当下的一些作品，就是太政治性，这样的作品只能是"历史性文献"。中国是难以摆脱政治的，但政治在文学里只能作为一个背景。正是因为要让文学与政治分离，要坚持独立写作，所以我说过建立"根据地"的话，有了"根据地"，你可以更走进"民间"。这和作家视野，和作品在主题与思想层面的延展并不冲突，甚或还是一种出路。

高：刚刚我们谈到了中国文学"走出去"的话题，事实上，想要实现文学的"走出去"，翻译是必不可少的关键性环节；而我作为一名翻译问题的研究者，也更希望与您在翻译的层面来探讨您的作品以及与文学相关的一些问题。所以，能否请您先跟我们谈一谈，您的作品在国外的相关译介情况？

贾：《废都》前后，我的作品被翻译出去的多。《废都》被禁止出版发行后，我蒙受了外人所不知的种种政治上的压力和限制，从那以后十几年基本上与外界交往不多，只专注于自己写作，隐忍沉默。翻译作品也几乎停止了。这几年，我的作品逐渐被翻译，比如，《废都》由葛浩文（Howard Goldblatt）译成英文，即将在美国出版；《高兴》由陈安娜（Anna Gustafsson Chen）译为瑞典文，已在瑞典出版，她正翻译《秦腔》，还要翻译《废都》等；安博兰（Geneviève Imbot-Bichet）翻译了法文版《废都》后，又翻译了《土门》，现已和吕华合作翻译了《带灯》，法文版的《古炉》也即将在法国出版；德国翻译了《太白山记》后，现和几位翻译家有了译《老生》《带灯》的意向，还未最后定；日本翻译了《废都》《土门》和一些中短篇小说选后，吉田富夫先生正翻译《老生》。

高：谢谢您提供了这么重要的信息。根据我们目前所掌握的资料，您的作品在英语世界的传播，主要集中在 20 世纪的八九十年代。1988 年《浮躁》获得美国第八届美孚飞马文学奖（Pegasus Prize for Literature），以此为契机，1991 年葛浩文翻译的《浮躁》（*Turbulence*）由美国路易斯安那州立大学出版社（Louisiana State University Press）出版、2003 年经格罗夫出版社（Grove Press）再版，而由罗少颦（Shao-Pin Luo）翻译的《古堡》（*The Castle*）则由加拿大的约克出版社（York Press）于 1997 年出版。但是，在此之后，英语世界对于您作品的译介相对寥落。直到 2008 年 8 月，英国《卫报》（*The Guardian*）刊登了由英国汉学家韩斌（Nicky Harman）翻译的小说《高兴》（*Happy*）节选；2010 年，美国老牌文学刊物《新文学》（*New Letters*）秋季号发表了由胡宗锋和刘晓峰翻译的《黑氏》（*Darky*）节选；2011 年，"纸托邦"网站（Paper Republic: Chinese Literature in Translation）刊登了由美国翻译家莫楷（Canaan Morse）翻译的《古炉》（*Old Kiln*）节选。现在，您的一些重要作品，如《废都》《秦腔》很快会有多种语言的译本，让我们非常期待。但遗憾的是，如《怀念狼》《白夜》《高老庄》这些力作一直未能在英语世界得到完整的翻译与推广。您如何看待您的作品在英语世界一个时期出现的沉寂，其中是否有何特殊原因？

贾：我的英语译本是比较少。当年《废都》出来，有译者去译，但他译出后质量不过关，迟迟出版不了，别的翻译家又因版权问题不能接手，就这样耽误了下来。我平时都生活在西安，和汉学家很少认识，性格也不善和外界打交道。《废都》之后，我又面临种种困境，诸多原因，翻译之事长期以来就成了守株待兔。（作品）越是不翻译，译者越是不了解你；越是不了解你，（作品）就越是不被翻译。法文为什么译得多，就是越翻译（翻译家）才越对你有兴趣。全球的汉学家是相互联络相互影响的，有些作家的同一作品被译成各种文本，可以看出这种相互影响。后来我见到一些翻译家，他们说，一直都见不到你呀，本想翻译你的作品，因联系困难，而手头又有别的作家作品，就只能先去翻别的作品了。

高：与英语世界的情况有所不同，您的作品在法国一向广受欢迎。1997 年，由法国翻译家安博兰翻译的法文版《废都》（*La Capitale déchue*）获得法国"费米娜文学奖"（Prix Fémina），您也因此而成为首位获此殊荣的亚洲作家。"费米娜文学奖"的入选作品在销售量上一定要达到 8 万册以上，由此可见您在法国所拥有的文学影响力。之后，法文版《废都》还推出了袖珍本，从而有可能被更多的读者阅读和接受。同年，法国第二大新闻周刊《新观察家》（*Le Nouvel Observateur*）将您列入"世界十大杰出作家"；2003 年，法国文化交流部授予您"法兰西共和国文学艺术荣誉奖"，以褒扬您在法国的巨大影响力。那么，根据您的个人经验，除去文学以内的要素，您的作品在法国的成功译介与接受，在翻译、出版发行、宣传推广等诸多节点上，对于中国文学的"走出去"是否有一些可资借鉴的经验？

贾：我的作品法国翻译得较多，产生影响，正如我前边说的是越有翻译，人家越了解你，对你有兴趣了，就能不断翻译。至于在出版发行、宣传推广等诸多节点上的事，我不知道，那是译者和出版社他们做的。在此，我感谢安博兰女士等汉学家，感谢出版我的书的出版社。

高：文学翻译界都知道，您的作品在日本、韩国、越南等亚洲国家同样拥有广泛的读者群与非凡的影响力。我记得您作品的日文译者吉田富夫曾经对《中华读书报》的记者提过，"中国改革开放后被介绍到日本的现代中国文学当中，我所知道的畅销书有两部，其中之一就是贾平凹的《废都》"；而您作品的越南语译本，更是多达十余种。我们注意到，今天大家探讨中国文学"走出去"的话题，往往将关注点聚焦于西方国家；然而事实上，我们的作家作品在中国以外亚洲国家的被译介与被接受，理所应当属于中国文学"走出去"的一部分，也同样可以为文学的"走出去"提供丰富的经验。因此，能否请您具体谈一谈您的作品在亚洲国家的译介情况？您的主要译者有哪些？您与他们是否就作品的译介进行过相关的接触与交流？您在这些国家是否拥有职业代理人？您的作品的出版商主要有哪些？他们在您作品的译介、发行以及推广环节，扮演了怎样的角色？您对自己作品的读者群是否有所了解？您作品在亚洲国家的译介经验，与在西方国家有何异同？

贾：在日本先后被翻译的作品有四五种，最主要的是《废都》。韩国也有五六种。越南有七八种。这些译者我都不大熟悉，只有日本吉田富夫先生来过西安，他为翻译《废都》做过实地考察。大多数是我收到他们的信，同意了他们去翻译，我的工作就完了。在和亚洲国家翻译者的交往中，我觉得他们更了解中国文化，翻译会更顺利些。

高： 美国汉学家金介甫（Jeffrey C. Kinkley）曾经针对您作品在美国的传播困境指出，"翻译贾平凹等作家主要的障碍在于，虽然性解放和为个人权利而斗争的主题在中国具有新意，但是对于我们（美国读者）而言确实是陈词滥调"。对于这种因为社会与文化的差异而造成的传播困境，您有何看法？您认为这是否会对我们的"走出去"构成某种牵制？

贾： 金介甫先生的话是针对《废都》中的性描写来说的。对 20 世纪 90 年代初中国的社会状况和美国当时的社会做比较，情况确实是这样，他说得有道理。但问题是《废都》中写了性，它并不是关于性的小说，它是在写中国在发生社会大转型时人的困境，尤其知识分子的苦闷、无聊、挣扎和抗争。因为社会与文化的差异而造成的传播中的误读和看错眼，这是不可避免的，也很正常。随着世界各国的交流，尤其对中国的社会、文化的了解，这种情况逐渐就可以消除了。我也曾困惑过，为什么有一些作品，在国内显得很一般，却被翻译了，一些在国内都认为是好作品，却未被翻译？其实，有些作品被翻译也是有各种偶然性的。

高： 金介甫的评述可以引申出与"走出去"相关的另一话题，即在西方，目前对于中国文学的阅读与接受，似乎存在这样一种趋势：读者们乐意阅读的是直言不讳地抨击政治的

中国文学作品，而学者们在解读和评论中也往往突出政治
与意识形态的功用，中国文学作品更像是一种社会与政治
的信息传递工具，而丧失了其作为文学本身的艺术探索功
效。例如有学者就曾经针对您的作品译介情况指出，"虽
然贾平凹的许多小说充满细腻的心理描写和强烈的时代意
识，也富于文学普遍性的美感以及对人性哲理性的反思，
但是一旦'走出去'，便几乎毫无例外地落入被政治性解
读和判断的窠臼。这种意识形态的指向性往往会使得对包
括贾平凹在内的中国文学的理解和接受变得偏狭、走样"。
那么，有关文学的政治性与艺术性，您有何主张？您曾经
讲过，"文学是难以摆脱政治的，恰恰需要大的政治"，
对此能否跟我们具体谈一谈？此外，面对中国文学在"走
出去"过程中的这种两难困境，从一位中国作家的角度，
您是否有过一些思考？

贾：我是最害怕用政治的意识形态眼光来套我的作品的。我的
作品在这一方面并不强烈，如果用那个标志来套，我肯定
不会令人满意。在北京的一次汉学家会上我有个发言，就
说要看到中国文学中的政治，更要看到政治中的文学。如
果只用政治的意识形态的眼光去看中国文学作品，去衡量
中国文学作品，那翻译出去，也只能是韦勒克所说的"一
种历史性文献"，而且还会诱惑一些中国作家只注重政治
意识形态的东西，弱化文学性。这样循环下去，中国文学

会被轻视的、抛弃的。我在那次汉学家会上也说了，如何把中国文学中优秀的作品翻译出去，介绍出去？一定得了解中国，了解它的历史，了解它的社会，了解它的文学艺术，要整体来看，全面来看，才能寻找出哪些是好的，哪些是一般的。

高：讲到"走出去"，文学评论家李星曾直言，"陕西作家就知道闷头苦干，很少主动走出去，就是舍不得家乡的那碗黏面，以前别人叫贾平凹去香港他都不去，陈忠实也是这样。这对我们冲击世界有着很大的拘囿，也是陕西作家必须改进的地方"。所以我们想知道的是，您对于文学的"走出去"是否曾经产生过抗拒？而站在当下，您对于这一问题的态度与立场又是怎样的？

贾：我当然是希望我的作品能被更多翻译出去，让更多的人读到。但我长期在西安，不大走动，不善交往，这是我的短处。以前我只是认为自己好好写自己的作品吧，别的不闻不问，这一两年去北京开会多了些，也知道了与外交流是多么重要。

高：刚才援引的李星的话中提到的"陕西作家"，我们注意到，作为一个群体，陕西作家的作品外译起步较早，但却发展缓慢，译本整体数量较少，在国外的影响也相对有限。作

为陕西省作协主席，能否就您所了解的情况，跟我们谈谈
造成这一局面的原因？此外，我们知道陕西省作协在 2008
年 9 月专门成立了文学翻译专业委员会，能否跟我们谈谈
相关情况？比如说，创建该委员会的初衷，委员会的成员
构成，有无固定译者群，委员会的译介机制，委员会目前
的工作状况。

贾：陕西作协成立了 12 个专业委员会，文学翻译专业委员会是
其中之一，主要工作是翻译陕西作家的一些作品。他们是
一批在陕西的翻译家，常有活动，这几年成绩不错，翻译
了好几本书。

高：在与文学批评家谢有顺的谈话中，您提出过这样的观点，
"不管你写小说还是写散文，语言是第一的。就像一个人一
样，别人能对你一见钟情，首先是你的形象呀。文学就是
语言的艺术"；而且据说，您"曾有过许多采集语言的小
本子，把一些好听的民歌的曲谱以数字形式在绘图纸上标
出，分析平仄节奏，以增强对语感的认识"。可见，您对
文学的语言是相当看重的。那么，您对于语言的态度，是
否同样作用于您作品的译本？众所周知，大量陕西方言及
中国古语的运用正是您作品的显著标志，而这一语言风格
却对翻译构成了较大的困难，诚如"中国图书对外推广计
划"办公室主任吴伟所言，"我们有些地域作家，用方言

写东西，一般说普通话的人都看不大明白，再变成外文，在表达和理解上就是一大衰减"。这种由于方言掣肘而造成的译本语言上的损害，对您而言是否可以接受？另一方面，根据您的文学经验，可否在方言的译介方面给我们一些建议？

贾：我是十分讲究文学作品的语言的，在这一点上我还是比较自信的。我以前的作品地方话是多了些，这几年的作品也有意识地减弱了这方面。据我和一些翻译家接触，他们反映我的作品的翻译难度大，翻译我的一部作品要比翻译别的三部作品还费时间。但我不懂外语，究竟翻出去效果怎样，我也不知道。我的作品中没有离奇故事，连完整的故事也没有，而细节又特别多，讲究语言中的空白、节奏，我估计翻译出去会失掉许多。这是没办法的。但我又想，《尤利西斯》那么难懂的作品还不是翻译成汉文了吗，而且我读了是那么喜欢，我虽不能完全读清但我能意会到。所以，只要静心地去翻译，什么作品都可以翻译好的。

高：我们注意到，根据您的中篇小说《鸡窝洼的人家》改编而成的电影《野山》，曾经在 1986 年的东京"中国电影展"上，受到日本观众的广泛关注，在电影的推动下，《鸡窝洼的人家》由日本中央大学文学部的井口晃教授翻译成日文，并于 1987 年由德间书店出版。这当中其实反映出电影作为文学的延伸形态对于中国文学外译的助推作用。那么，您又是如何看待这一文学的助推方式的呢？

贾： 我知道，好多文学作品被关注和传播得益于电影助推。但我长期以来不看重这个，都是作品出版了，谁要改编拍摄我就卖给谁，拍与不拍，拍得好与坏，从不过问。我觉得小说家就是小说家，小说和电影是两个门类，电影拍好了是导演的功劳，电影拍坏了是导演的失败，与我没了关系，所以我的小说改编的一些电影有的出来我也没看过。这是个人的固执吧。我只能说我的小说写作。

高： 谢谢您这么耐心地回答我们的提问，还有最后两个问题想向您请教。首先，在"首届南方国际文学周"的系列活动中，您被推举为"最具国际影响中国作家"，在答谢词当中您讲到，"我们的文学在全球并不是热点，关注和了解的人并不多，我们在写作的奔跑中感到明显营养不良、骨质疏软，将大量进食，吸氧，补充水分，调整节奏，在拐弯处穷力超车"。这句话非常形象且耐人寻味，能否请您结合中国文学"走出去"的议题，跟我们详细谈谈这句话？

贾： 那是几年前的一次讲话了。如果现在再说这种话，我的意思是，中国文学可以说走上了世界舞台，但还没有写些在世界格局下的那种典型性作品。已经成为经典的作品我们都谈过，那是多么震撼过我们的作品啊。我所说的营养不良、骨质疏软，就是指我们的作品还是受政治的影响太多，虽然这正在逐渐摆脱和消除，但它对整个人类的思考，对于文学的创新还做得不够。虽然现在可以说中国文学向外国文学学习、模仿的阶段已完成，但真正属于中国文学的东西才刚刚开始，要走的路还长啊。

高：最后，您讲过自己并不赞同"越是民族的就越是世界的"，这里面有些什么用意？今天的中国作家，应当从哪些方面着力书写中国，在文学的层面为世界提供能够产生共鸣的中国经验？此外，能否请您用一句话，为我们今天的访谈做个总结？谢谢！

贾：我之所以不赞同这句话，是因为这句话缺乏一个前提，那就是必须建立超人类意识，有了这个前提，越是民族的才越可能是世界的。否则，眼光只盯着自己，全然不知整个人类的走向是什么，精神指向在哪里，那怎么走向世界？

（原载于《中国翻译》2015 年第 4 期）

我是愿意把翻译中的某些"自由"留给译者的。于我而言，我宁要翻译中韵律的完美，而不要机械翻译的字词之完整。译者和原作精神的共鸣，远比译者单纯喜欢原作所谓语言的字、词、句子更重要。

——阎连科

精神共鸣与译者的"自由"

——阎连科谈文学与翻译

高　方　　阎连科

　　阎连科的作品在国外译介数量大，影响广，因其作品的独特性，受到了作品译介国媒体与研究界的广泛关注。2013 年 11 月，他在百忙中就我们提出的问题，结合其作品在国外，特别在法国的译介历程与阐释，对文学译介的环境、译者与作家的关系、翻译的使命与追求、中国文学"走出去"等方面，毫无保留地谈了自己的看法，也提供了许多珍贵的第一手材料。其中有些观点值得我们认真思考。

高方（以下简称"高"）：阎连科先生，您好，非常感谢您能够抽出时间与我们探讨中国当代文学译介的话题。作为中国当代作家的代表人物之一，您的作品不仅享誉国内，而且被译为日本、韩国、越南、法国、英国、德国、意大利、荷兰、瑞典、挪威、以色列、西班牙、葡萄牙、塞尔维亚、蒙古国等 20 多种国家的语言，在 20 多个国家出版发行，受到海外各界读者的追捧与热评，能否请您给我们谈一谈您的作品目前在海外的译介情况，您的第一部作品是什么时候被翻译出去的？

阎连科（以下简称"阎"）：谢谢你准备了这么具体详尽的问题。关于我的小说翻译，其实没有太多的东西值得介绍和讨论。在中国，我不是最好的作家，有许多前辈、同辈和更年轻的人，他们的作品都比我写得好。看他们写的小说，我常常有种自卑感。常常会在看完之后，惊得半天说不出话来。在国外，我也不是中国作家在海外影响最大的人，无非是比起一些朋友，更有些翻译的特殊命运。

其实，在法国最先签了合同要翻译的作品是《受活》。《受活》方言翻译的难度，使它的翻译一波三折，没那么顺利。《坚硬如水》直到今天的译本还很少。法国一直在翻译计划中，但又一直有别的新作品，总是排不上它。因为我亚洲之外的翻译，都首先是从法语开始的，法语没有译，别的翻译就难以推开和介绍。

高：文学作品的译介，译者至关重要。您的作品的翻译质量上乘，《年月日》《受活》《四书》等一经翻译即刻在海外引发了广泛好评，甚至还入围了"英仕曼亚洲文学奖"（Man Asia Literary Prize）、"《独立报》外国小说奖"（Independent Foreign Fiction Award）、"费米娜文学奖"（Prix Femina）、"曼布克国际文学奖"（Man Booker International Prize）等一系列重量级的文学奖项，其中译者的功劳不言自明。我统计了一下，翻译您作品的译者大致包括英国著名汉学家蓝诗玲（Julia Lovell）、美国的中国文学翻译家辛迪·卡特（Cindy Carter）、美国汉学家罗鹏（Carlos Rojas）、法国翻译家克劳德·巴彦（Claude Payen）、金卉（Brigitte Guilbaud）和林雅翎（Sylvie Gentil）等，您和这些译者熟悉吗？能否请您谈谈和他们之间就翻译问题的交流情况？

阎：你是专家，掌握的情况比我多。你谈到的这些英语、法语的翻译家，我都比较熟。几乎都是朋友吧。都是因为翻译，由陌生而熟悉，再由熟悉而朋友。至于翻译问题的交流，已经成为我写作中的一部分。几乎每部小说在翻译过程中，都有一些有趣难忘的事。英语译者辛迪·卡特，她在中国住了十几年，最早认识她是因为她看了《年月日》和《受活》。她真正想翻译的是这两本书。在翻译过程中，因为她太忙，因为别的事，迟迟没有按日期交稿，和出版社之间有了一些不愉快。但必须承认，当她开始动手翻译后，她的认真令我感动和感慨。大约是在 2009 年，有半年时间，几乎每周或者半个月，辛迪都和我相约见面，或我家，或者咖啡馆，一块讨论小说中她不甚明白、有些模糊的字、词和句子；尤其那些模糊但又有某种隐含和韵味的地方，她都用红、黄、绿在那本中文书中画下来。中文、英文的蝇头小字，在书中密密麻麻。我曾经想要辛迪把这本"翻译标本"的中文小说作为纪念送给我，但最终没把这话说出口。我是从辛迪的翻译感受到译者劳苦的。在我看来，很多时候翻译比写作更辛苦，更值得尊敬和理解。事实证明，辛苦和认真，终会有好的结果和回报。只不过这个好，都被作者得到了，而译者，辛苦之后就像做出好菜供客人品尝的厨师一样。客人记住了哪道菜好吃，并记住了那家餐馆名，于厨师，他可能就不去刻意过问了。菜馆就是一部书的原作者，客人是读者，中间环节是译者（厨师），客人吃到好菜时，是会记住那家菜馆的，可厨师是谁，一般情况下，客人就不太去记了。但菜馆是最知道哪个厨师辛苦、手艺高巧的。

与辛迪情况截然相反的，是《受活》的著名法语译者林雅翎。《受活》遇到她，是《受活》的命运，也是我的命运。《受活》是 2004 年年初在中国出版的，一经出版，在法国比基埃出版社工作的陈丰女士就慧眼独到，很快签了法语翻译合同，但因为《受活》的方言和结构之复杂，先后找了两个译者，他们都没有接手。甚至有位翻译家翻译了一部分，又把作品退回到了比基埃。就是在这时，几乎很多中国人和法国汉学家都认为《受活》"不可译"，林雅翎女士出现了。她说没人翻译时我来翻译吧，唯一的翻译条件就是出版社不要给时间限制。就这样，《受活》的翻译再现曙光了。林雅翎用了二三年的时间来翻译《受活》这部 30 多万字的书。在这二三年的时间里，她大多时间，人都在北京，我们同在一个城市，却很少见面。偶尔见面喝茶，她也从来没有问过小说中有哪些模糊和疑问，直到两年多后的某一天，她给我写了一个邮件，说小说最后结尾处"花嫂坡"的一节里，有很多花草的名字，她遍查植物词典都不知道那些花草为何物。我回她一封信："那些花草的名字都是我编的。"她又回信说："那就没有什么问你了。"

《受活》在法国出版是 2009 年，更名为 *Bons Baisers de Lenine*（《列宁之吻》），后来其他语种的翻译都沿用这个名。它在法国的成功，实在令人意外。我完全没有想到读者会那么喜欢它。当年好像就卖了三四千册书，这个数字在中国是个小数字，但却是中国文学在法国很大的数字了。之后它每年都再卖两千册或不到两千册。说今年法国的图书市场不景气，可这本让中国人看着都费劲的《受活》，竟又意外卖了 2800 册。而且它的销售，也在带动着此前出版的《年月日》和《我与父辈》等的慢热与长销。因此，我经常说，它在法国的好运，是因为它首先遇到了伯乐陈丰，接着遇到了林雅翎。诚实地讲，没有陈丰，就没有我今天整个翻译的结果；没有汉学家林雅翎的翻译，就没有《受活》的各种外语的青睐。我问过林雅翎，《受活》中那些广泛的方言在翻译中是怎么处理的？她说当她找到了她少年时期生活过的法国南部的乡村方言时，《受活》的方言翻译就没有那么大的难度了，加之她对德语的一些借鉴，把中国的河南方言转化成让法国读者意外着迷的法语，也就水到渠成了。

《受活》使译者在法国得到了国家翻译奖。在《受活》出版的前一年，金卉女士也因翻译出版《年月日》获得了这个奖。法国是个文学翻译大国，一个作家两部作品的不同译者，连续获得这一奖项，除了小说风格和语言有较大差别外，我想这两个译家的内在不同，大约也都在翻译中最充分地体现出来了。还有《四书》，它的语言也是很难翻译的，译者也是林雅翎，除了小说开篇的第一句"大地和脚，回来了"，我们两个用了一个多小时去讨论这句叙述外，其他的翻译她也未曾问过我。而之所以第一句"大地和脚"要讨论这么久，是因为这句话最准确的意蕴我也说不清。从语法和字面上说，"大地和脚，回来了"，这是不合乎中国语法、文法的，但它其中的意蕴确实丰富到无法用别的句子去替代。现在，林雅翎马上着手翻译《炸裂志》，这也是一部难以捉摸的书，但我知道，她在翻译中不会来和我讨论什么了。因为她太了解我和我的写作了，我们彼此间有了一种很难得的理解和信任。

像我这样连中国的普通话都讲不好的人，不要说懂一门外语，其实连一个英语单词都不会。我连一天的外语都没学过。在我作品的外译过程中，我和翻译家大多都有那种彼此理解和信任的关系。所谓理解，是我希望他们充分理解我的整个小说，理解字、词、句子的某种意蕴和节奏；而我也必须明白和理解，每个翻译家的母语对我都是神秘的盲区。在这盲区中，我一定要相信和尊重那些心灵慧智的翻译家。

美国杜克大学的教授罗鹏是我（作品的）英译本的第三个译者。最早的译者是蓝诗玲。其实她最先向英国出版社介绍推荐的，也同样是《受活》。我说我在翻译中的命运好，就是说我总是能遇到好译者。蓝诗玲是帮我带来英语读者的第一人，是她的译本让英语读者注意到中国有个奇怪的作家叫阎连科。让英语读者进一步接受的，是辛迪·卡特的翻译；而在英语中确立我一个作家地位的，是罗鹏翻译的《受活》。罗鹏是王德威和刘剑梅推荐的，直到《受活》在美国、英国和澳大利亚先后出版三个版本，我和罗鹏都没有通过几封信。但去年彼此在北京见了面。第一次见面没谈太多话，那种彼此的信任就在我们中间建立了。他是一个非常值得信赖的人，也是一个非常值得信赖的翻译家。这正如我们找朋友，有的人看一眼就"萍水相逢"了，有的人朝夕相处也难以成为好朋友。我和罗鹏属于那种萍水相逢而胜过朝夕相处的人。他在翻译英语《受活》时，和林雅翎一样，是没有问过我小说问题的人，可译本出版之后，从读者和媒体反映的热情看，是可以知道他翻译之成功的。《四书》他也已经翻译结束了，计划今年秋天出来。从这些过程和角度讲，我说在海外和中国其他作家比，我是一个幸运的人。不是因为我在中国比别的作家小说写得好，而是在海外我总能碰到好的策划人和翻译家。在和这些翻译家的交流中，我以为交流翻译中的具体问题当然重要，但更重要的是交流彼此对文学的认识和对某一部书的感知和体悟。

我以为，作家和翻译家，对文学共有的大理解，远比字、词、句子、段落的意见统一或分歧更重要。

高：根据我了解的情况，您在法国有相当高的知名度，到目前为止，已有 7 部作品在法国翻译、出版，并且反响热烈。不过，尽管译者付出了卓越的努力，但是就中国当代文学在海外译介的普遍情况而言，却往往出现译本在一定程度上不能够完全忠实于原作的现象，您对这一问题有何见解？您曾经在一次谈话中讲到，"一部成功的译作不是在于逐字逐句的机械翻译是否完美，而是在于译者是否与作品的精神具有内心深处的共鸣"，您提到的"共鸣"具体包含哪些内容？译者受制于其自身的文学与社会规范，如何才能达到这一"共鸣"？除了"共鸣"，您对译者还有哪些方面的要求？

阎：谈到我在法国的被接受和知名度，这一切都要归功于陈丰女士。几乎可以这样说，没有陈丰的努力，就没有我小说在法国和欧美其他地方的今天。法国比基埃出版社是专门翻译出版亚洲文学作品的。而陈丰多年来一直是这家出版社中国文学的策划人。我知道，如老作家陆文夫和当代作家王安忆、毕飞宇、迟子建、王刚、张宇、曹文轩等，有些作家的作品一部部地连续出版，都是陈丰推介、定夺的。我感觉，陈丰在介绍中国文学中有三个明显的特点：一是她认为好的作品，翻译多难也要介绍。比如王安忆的《长恨歌》和我的《受活》。这两本书在语言层面上，很多人认为不可译，但她坚持要翻译，最后都在法国有了很好的译本和销量。二是她一直主张介绍作家，而非某本书。主张持续地推介作家一生的写作，而非打一枪换一个地方，哪本小说热闹就哪本。比如毕飞宇、王安忆，还有我，都属于她的"持续"对象吧。第三点，她在做一个作家而非某一本小说时，有她的安排和节奏。比如小说的长短，接受的难度和容易度。以我自己为例，首先是容易推广的，好看的，之后她就安排出版有一定长度并在阅读上会让法国读者苦痛的。再后她又安排翻译完全不一样阅读口味，而且篇幅更短的《我与父辈》和《年月日》。等你有了较为稳定的读者群，再接着出版大部头的《受活》。而《四书》和《日光流年》是充满疼痛感的两本书。这接下来，她又安排翻译充满奇异"神实"和幽默、欢乐的《炸裂志》。这种长短、口味的调整和搭配，如同厨师请客时要做哪些菜，先上哪些菜和后上哪些菜的调整和安排。所以说，我在法国的景况，一半缘于我的写作，另一半缘于陈丰和比基埃持续而有节奏的翻译计划和出版，甚至哪本书适合哪个翻译家，都在陈丰的计划中。比如，翻译家金卉女士有很好的文学功力，自己也不断地进行散文写作，语言中有强烈的韵味和诗意，陈丰和出版社就安排她翻译《年月日》《我与父辈》《日光流年》等，而请林雅翎来翻译《受活》《四书》和《炸裂志》。甚至，陈丰和出版社还和我英国的经纪人不断商量在其他语种中先翻译哪一本，后推介哪一本，把法国的出版节奏和经验带到别的语种中间去。

陈丰和比基埃是我小说外译的发动机。如果说在中国作家中，我的外译是幸运的话，他们就是我的幸运之神吧。

对于一些译本在一定程度上不能完全忠实原著的看法，我个人以为没有那么忠实就没有那么忠实吧。要给译者那种"自由度"。我曾经极其认真地把多年前翻译到中国的印度作家阿伦德哈蒂·罗易的小说《卑微的神灵》和几年前这本小说的另外一个更名为《微小的神》的译本放在一块比较着看，让我惊异的是，这两个译本的译者不同，我一字一句对比着看这两个译本的前几页时，发现他们每句话翻译的意思都是一样的，但没有一句话使用的字词是完全相同的。这让我震惊和害怕——从此我就不太相信翻译的"忠实"那种说法了。一部书，在一个翻译家那儿是"忠实"的，到了另一个手里，可能那种"忠实"就发生变化了。哈金和我说过一件事，说托尔斯泰的小说最初翻译到美国没有那么受欢迎，几个译本都反响平平，到后来，换了译者又有了新译本。新译本的文字有些"粗"，但却大受欢迎了。而前者的译本太"细"，甚至太"诗"了。当然，这是当笑话去说的，不可太在意。然而，果真是这样，是哪个译本对托尔斯泰更忠实？更尊重？又是哪个译本对托尔斯泰更好呢？

我是北方人，生活糙，性格也粗，所以对译作于原著的"十分忠实"和"八分忠实"，没有那么在意。忠实就忠实，没那么忠实就没那么忠实吧。我不是昆德拉，没那么在意这些，也没有语言能力去在意这些。我的主要任务是写好小说，管不了翻译也要好的事。所以说，我是愿意把翻译中的某些"自由"留给译者的。于我而言，我宁要翻译中韵律的完美，而不要机械翻译的字词之完整。译者和原作精神的共鸣，远比译者单纯喜欢原作所谓语言的字、词、句子更重要。

第一，这种精神的共鸣，表现为译者必须喜欢和爱他（她）所要翻译的那个作家和那本书。只有喜欢和爱，在翻译中才会有译者的情感走进去，才会把作家作品中的情感和灵魂带给新语种的读者们。而现在的很多情况是，译者并不喜欢这个作家和这本书，只是为了翻译而翻译，因为某种原因而不得不翻译。比如你翻译和研究昆德拉，其中有你对昆德拉的喜与爱，有你对和昆德拉相似、相同的对文学与世界的认识存于其中的，这就是共鸣，而不简单是为了翻译和出版。

第二，我说的共鸣，是译者和原作者应该有相近的世界观和文学观，他们应该是文学的同道和同仁，而不仅仅是搭档和朋友。

第三，是译者和原作者要"心有灵犀"。某种文学中的只可意会而无法表达的东西，译者应该可以感受和把握，而且可以同样用"意会"的方法转化和传递。我说的共鸣，就是指这些，一是译者要更喜欢和爱他翻译的作家和作品；二是译者和他（她）的对象要有相似、相近的文学观和世界观；三是译者要能译出作家叙述中的韵律和节奏。

说到对译者的要求，我们必须承认，中国文学在世界上很"弱势"，很"低层"。总体来说，往往是出版社和有能力的译者在挑作家，而非作家去选出版社和译者。如此，中国作家大体是对译者没有太多要求的。就我个人而言，我除了上述的"共鸣"外，是希望译者有极好的母语，而不是他有多好的中文。尤其还希望，译者有一定的写作能力和创作经验，能是个作家就最好了。

高：您的作品能够在海外被接受与被传播，其中的一个关键因素在于读者。近年来，您不断地出现在海外的各种文学讲坛之上，因此一定有机会直接接触到海外的读者。那么，您如何看待海外读者？他们与中国读者有哪些共通之处，有哪些不同？请您谈谈您在这方面的见闻。

阎：这一说起来，就又落入"西方月亮比中国圆"的圈套了。我们每每谈起外国读者，也多是指西方读者。其实，在亚洲，韩国、越南的读者都对中国文学充满着情感和热爱。余华在韩国有很大的读者群，在其他地方书也卖得好。莫言的《丰乳肥臀》，在越南连印十几版。当然，莫言是今天中国作家中在海外最有知名度和销路的了。而亚洲的日本，也翻译很多中国作家的作品，相对于越南和韩国，日本对中国文学的阅读态度就冷一点，不像中国读者对日本文学那么温情、有热度。究其原因，这里有文化的因素，也有政治的缘由。

而西方国家的读者群，对我来说，法国的读者最为理想和成熟。我们有个误会，以为西方对中国作家的喜爱不是因为电影，就是因为"禁书"，这是一个很大的误会。电影和"禁书"，会帮助你开始翻译，但不能保证你长久地被接受。莫言、余华、苏童等，之所以有很多外译，能说都是张艺谋的努力吗？"禁书"中谁都没有卫慧的卖得好，可《上海宝贝》之后，读者对卫慧的作品就没有那么持续暖热了。把话题转回到法国来，陈丰在法国 20 多年，她在我国台湾地区介绍中国文学在法国的情况时，说过这样的话："没有一个出版社会因为政治的原因，对一个作家一生的写作保持热情和支持。没有一个读者会因为对'禁书'的好奇而对一个作家的每本小说都要购买和阅读。"去年《四书》在法国出版后，我到法国，所有的媒体大多问的都是这本小说为什么这样写，而非写什么。比如小说的语言、结构、小说中"孩子"形象的神奇与《圣经》和神话的运用等，他们并不怎么关心小说中的"大饥荒"和"大跃进"。还有《受活》，法国读者更关心的是你的想象力和讲故事的方法，而非别的。最难忘的事情是，《受活》出版后，在法国文学节上签售时，有一位七十几岁的老太太，她把我那时出版过的 5 本法文作品每本都买 2 册，共是 10 本书，待签名时我问她为什么要买这么多，她告诉我说，她的丈夫半年前去世了，她丈夫是我忠实的读者，每本必看，有的书还会看两遍，可惜他不能活着见到我，所以她买两套 10 本签名书，一套送到墓地她先生的碑前边，一套留给自己慢慢地读。还有《年月日》，因为被法国教育中心选推为法国中学生的课外读物了，你就经常可以收到法国读者的来信和孩子们自制的圣诞贺卡了。

类似的事情，只要出去，总是可以碰到。在英国，在美国、意大利、挪威、捷克等，都有这样美好的记忆和情节。对于读者，总体、大致的印象是，西方读者，关心你小说写什么，同时也关心你怎么写。有时甚至更加关心怎么写。但中国读者，更关心写什么，而疏淡怎么写。

高：中国当代文学是否能够在海外成功传播，出版社也是当中一个起着决定性作用的环节。就您的译作而言，英语世界的出版社为美国著名的格罗夫（Grove）出版社，法国则是以出版亚洲图书著称的比基埃出版社。您对上述两家出版社对于您作品的选择与翻译感到满意吗？您对这两家出版社是否有所了解？与他们是否有过交流与沟通？

阎：一般说来，决定翻译你作品的是出版社，而不是译者。当然，译者有他的推荐理由和推荐权，不过只是推荐而已。对于法国的比基埃和美国的格罗夫，还有别国的出版和翻译，我都非常满意。在我心中，出版社没有大小，能出好书就是"大"。比基埃和格罗夫对我的好，让我终生难忘和感谢。为了我的书，我去过法国四五次，每次去，出版社的老总菲利普和他们公司的人，都对我和家人一样。四年前，美国格罗夫出版社安排我去参加纽约文学节，到那儿我才知道，这个出版社是那么了不得，是法国荒诞派大师贝克特和俄罗斯作家索尔仁尼琴以及《北回归线》作者亨利·米勒等一大批受"争论、压抑"作家所属的出版社。我才知道当年他们创业时，为了让这些受争论、压抑的作家能够好好生活，安心写作，创始人 Barney Rosset 先生偷偷地变卖房产，把这些钱作为作家们的生活费，提前汇给这些作家，让他们安心写作，而不被争论、批判和生活所困而搁笔。大江健三郎先生当年听到这些故事后，决定就是不要版税也要把作品交到格罗夫。2012 年，Barney Rosset 先生已经谢世了。但在四年前，我见到了 Barney Rosset 先生，是现任社长引荐的。彼此见面后，老人坐在轮椅上，对现任社长说的第一句话是，"他（我）在中国出版困难影响他的生活吗？如果他的生活困难了，出版社一定要照顾好他和他的家，让他别因为生活困难而写作受影响"。

当时我听了这样的话，眼泪差点掉下来。还有陈丰和她所在的比基埃，对我个人的写作和家庭生活之关心，都让人难忘和感慨。我知道，我这一生遇到他们，是我写作的好运，是我遇到了最好最好的出版社。

高：就法国的出版社而言，法国著名汉学家何碧玉（Isabelle Rabut）教授曾经指出，"仿佛出版社对作家不感兴趣，但对书很感兴趣，对书的故事很感兴趣。还有一个很有意思的情况：有些书的介绍就专门拿'被禁'说事儿……一看一部作品被'禁止'，法国出版社就马上来了兴趣，尤其是记者。既然这本书'被禁'，那一定是本值得译介的书"，而您的作品在法国的译介，则恰恰印证了这一观点。对于出版社与翻译家的上述推介，您如何看待？您对自己作品的外译过程有何看法？能否谈谈您作品的外译途径？

阎：我不熟悉何碧玉教授。我想她这样说是有她的道理的。的确很多出版社更感兴趣的是"书"，而非作家这个人。而"禁"，也的确成为国外媒体向读者"说事儿"的最好噱头。但就我和比基埃出版社的出版关系而言，恰恰是同何碧玉教授说的不同的。只有我自己明白，比基埃为了我终生的写作和出版，有着怎样长远的出版计划和安排。我说过，他们最先计划翻译我的作品《受活》，《四书》是我在法国时，一字未写，只讲了故事的大致轮廓，出版社就决定要我写完初稿就交由他们安排翻译事宜的。别忘了，在的我七八本法语版作品中，还有《我与父辈》和《年月日》等那样和挣钱完全无关的散文和小说。而《受活》卖得好，是出版社也有些"意外"的。

说实在的，我不在意出版社在推介一本书上说什么，我更在意我在写什么和怎么写。《四书》《受活》《年月日》和刚刚出版的《日光流年》等，在法国更被人关注的是"怎么写"，而非"写什么"。一个作家对自己的写作自信了，别人怎么推介都没什么重要的。《洛丽塔》和《查泰莱夫人的情人》是作为"黄书""禁书"走进中国的，但这丝毫也不影响他们今天的经典地位。《古拉格群岛》和《日瓦戈医生》也是被禁而更受关注的，但那不是让我们更加地尊敬作家吗？不在于书的封面上写什么，更在于封面以内写什么。今年《四书》在捷克出版，我不认识捷克文，但能猜想那封面上会写什么话。然而到年底，捷克媒体在盘点一年中的大的文化事件时，称2013年最大的文化事件是"中国作家阎连科的《四书》在捷克的出版"——由此，我就更不在意"封面文字"了。拉什迪的《午夜之子》和《撒旦诗篇》，全世界的翻译出版，都会在封面上写着"追杀"那样的介绍。可那是两本伟大的小说，封面怎样的介绍，其实都无关紧要了。《日光流年》出版了，《炸裂志》正在翻译中，这两本书，出版社怎样在封面上介绍那是他们的事，而这两本小说本身好不好，怎样写，写什么，这是我最要关心的。

高：我最近整理了一些关于您的作品在法国的评论资料，注意到其中的三个关键词："反传统""魔幻现实主义"与"政治批判"。例如，《受活》则被认为是"用闪光的语言写出的一本充满想象力、富有创意、荒诞幽默的小说"，这本"无视礼教的小说满载着生活与写作的乐趣，令读者赞叹不已"，等等。您如何看待西方文学界对您的这种文学印象？事实上，成功译入西方国家的中国当代文学作品，都或多或少地被标记上了某种文学印象，而在文学印象诱导下的西方读者，或许很难对中国当代文学作品拥有一种完整的认知。能否请您谈谈对这一问题的看法？

阎："文学印象"似乎是一个必然。俄罗斯文学、拉美文学、美国文学、法国文学，在中国也都有这种集体印象。有时候，一种文学被另一语言所接受，正是以这种印象为桥梁、为标识。似乎没有印象，对方就无法辨别你，认识你。就如一个人必须有个名字一样，没有名字别人就无法把你和他人、人群区分开。而文学，有时是靠作家的名字在另一国度存在的，有时是靠"文学印象"替代名字存在的。总之，你的作品决定着你的文学印象，文学印象又左右着你的接受和被接受，如我们一说魔幻就谈《百年孤独》一样。集体意识一旦形成是很难改变的。我的作品在法国被"印象"和"标识"，我开始也有些不顺畅，后来就算了，随他们"印象"标识吧。反正我知道，那不是我一生中最有代表性的作品。但自《年月日》和《受活》后，这种标识的印象就慢慢改变了。还是那句话，怎样"印象"和"标识"不重要，重要的还是你作品本身达到的艺术高度。中国文学确实在海外是和"中国印象"分不开，这影响着中国文学整体的被接受。但要改变这种"印象"不能靠别人，还是要靠我们写出好的作品来。

我以为，一部翻译作品被异地的读者简单接受还不算有影响、被接受，而是改变或丰富了那儿读者的文学认识并影响了那儿作家的写作，那才叫真的"文学印象"和被接受。达不到这一步，都还是仅仅停留在翻译、出版和阅读的层面上。就此而言，我以为中国文学真正的"文学印象"在海外并没有形成，而形成的是"文学社会"印象。所以，中国文学对人家要有真正的"文学印象"，还有很远的路。别怕文学印象，就怕没有文学印象。

高：当今社会，随着各种传播媒介的急速发展，文学作品借助电影这一载体，在海外的传播与接受也往往会变得更加迅速与广泛。比如由莫言《红高粱家族》诞生的电影《红高梁》，以苏童小说《妻妾成群》为蓝本的电影《大红灯笼高高挂》等，通过电影在国际市场的影响力，又反过来带动了其译本的推出与认可。您是如何看待电影等新媒体对于文学作品译介与传播的作用的？您是否考虑过将自己的小说改编成电影？

阎：我没有想过把小说改为电影而使自己的作品得到更为宽展的翻译那样的事。一个作家的作品被翻译和接受，最终还是要靠内力，靠作家和作品本身，任何外力的推动都是暂时的。

高：根据我们（采访时）的统计数据，在西方国家的出版物中，翻译作品所占的份额非常之小，法国 10%，美国只有 3%。而西方国家向中国输出的作品，或者说中国从西方国家翻译过来的作品数以万计。中国文学输出与西方文学输入之间存在巨大的逆差，中国文学在整个世界文学当中，仍然处于十分明显的边缘地位。您如何看待这种"边缘性"？中国文学的弱势地位将长期存在，或是可以在短期内迅速提升？根据您对于西方市场与读者的了解，我们可以从哪些方面着手改变这一边缘地位？

阎：谈到文学，我们也总是会用经济的输出和输入来谈论、来比较。我不认为中国输入很多外国文学作品是坏事，这说明中国文化的开放性、吸纳性和包容性。要相信中国文化的强大和包容。以我们天下第一的中国菜为例，中国菜中的各种原料如味精、菠菜、芥菜、红薯、南瓜、佛手、辣椒、胡萝卜、青花菜，等等等等，不都是外来的物品吗？最后不都被吸纳、同化、改变成了中国菜？不怕输入多，就怕没输入。要相信中国文化、中国作家的吸收能力和创造性。但对于中国文学的输出，我说关键是我们要写出好作品，写出值得输出的作品来。如果以为这一步我们已经完成或接近完成了，那就把我们急于输出的态度和方法变一变。不是很想输出吗？不是有很多资本钱财吗？那就敞开门扉，让国外的出版社到中国来选文学作品，凡是他们选上的——不是我们选上、评上的，都给一定的资助让人家出。据说，现在，与写作和出版相关的很多机构都在花大价钱和大力气要把中国文学推出去，那就敞开大门，让外国出版社到中国来选人家喜爱的作品，不要我们选好后低三下四往人家手里塞。

我们要有一颗文学的大度心、文化的大国心。既然中国所有的出版物都是经过严格审查的，那人家想出版什么就予以资助什么，别再进行那种权力机构的再审查和再评选。如此，中国文学的输出与输入，就会有较大的改变了，就不会那么"边缘"了。要尊重人家的读者和市场的需要，人家需要什么书，就配合人家资助什么书。说到底，我们对他国的市场与读者，都是隔着一层的。

高：近年来，包括您在内的众多中国当代作家以及翻译研究学者，都在为中国文学的"走出去"做着许多踏实而富有成效的工作，根据您个人的经历，您认为中国文学"走出去"主要面临着哪些方面的障碍？同时，在中国文学不断"向外"的过程中，应当如何摆脱西方社会与文学范式的桎梏，从而书写出真实、完整、丰富的中国文学形象？

阎：我没有为中国文学"走出去"做过什么。如果说做过什么，也是被动的，而非主动的。我以为，今天中国作家的作品，比起别国他地作家的写作，艺术上并不逊色和低矮。而桎梏中国文学"走出去"的原因，除了文化、语言本身的因素外，就是太干预文学和文学的"走出去"。

我们有遍布世界各地的孔子学院，我们为推广中国文化花了那么多的钱，有专门的机构筛选、评议把哪些作家和作品向外推，为什么要筛选和评议？就是要干预。急功近利，好大喜功，这种恶习正在看似推动、实则阻碍着文学"走出去"。"文学要发展，他人不要管。"作家想写什么，就让他们写去。想怎么写，就怎么去写。就文学而言，谁都没有作家更懂文学应该写什么，应该怎么写。如此，当文学获得了真正自由想象、创造的天空，中国文学像中国菜一样，完成了吸纳后的创造，写出了作家个人的、丰富的、完全不一样的"中国故事"，完成中国文学的东方的现代性叙述，那时候，就不愁中国文学"走出去"的问题了。
而现在，是过分急切了。组织、花钱、评选、推动，甚至
让中国人来翻译中国作品，然后自己印刷、自己发行、自
己上报外译数目，这实则是一场闹剧和笑话。不是说中国
人就不能翻译中国文学，而是说，无论怎样，你的母语不
是外文，而是中文，不可能人人都有外语如母语的能力。
我们都知道，国外有不少专吃"中国饭"的出版公司和书
店，你给我钱我就翻译，叫我翻译什么我就翻译什么，翻
译完了，低廉印刷几百本，堆在某一家书店的书架上，如
此而已，和读者、市场是没有关系的。翻译出版者，是为
了一笔中国资助；那些掌握资助的人，是为了年底上报一
个数字；而被翻译作品的作家，是为了一些虚荣心。文学
输出，就是这样成为文学"发展式输出"的一个链环，从
而也败落着中国文学的形象，阻碍着中国文学长远的翻译
和出版。

　　真的不知道中国文学应该怎样"走出去"，但一定不该
这样"走出去"。

高：最后，非常感谢您能够与我们交流探讨中国当代文学译介
　　过程中的诸多问题。您的许多意见与建议，带给我们许多
　　有益的思考。最后，能否请您对海内外的翻译工作者们讲
　　几句话？

阎：谢谢，谢谢，再谢谢！深知你们对我们文学、文化的爱，甚至超越了对本土文学、文化的爱。翻译是富于爱而穷于利的事业，而你们，是这种爱的高尚的使者！

（原载于《外国语》2014 年第 3 期）

好的译者会理解我的。他们努力地翻译了，十分辛苦，我则给予配合。个别出版者草率地花一点钱找一个译者，翻译出去，不仅无意义，而且害处很大。优秀的翻译家一定是充分理解原创者的，他们也会是十分苛刻的大创作家。

——张　炜

《中华读书报》专访山东作协主席

——张炜谈文学翻译与山东文学

舒晋瑜　　张　炜

第二十届北京国际图书博览会上，法国凤凰阿歇特
（Hachette-Phoenix）公司总编辑陶建（Eric Abrahamsen）
与张炜签署合作协议，向全球出版、推介其代表性作品。
在他的眼中，这项工作"译介任务艰巨，要跨越太多语言
与文化的障碍"，但是，他对完成与张炜的这次合作也下定
了决心，因为"中国有 13 亿人口，可是只有一个张炜"。

凤凰阿歇特公司需要这样坚定的决心，因为张炜对于
文学翻译有自己的理解与坚持。张炜始终认为，将一种语
言成功地转译为另一种语言是件十分困难的事情，必须由
精通另一种语言的艺术家亲自操持。他曾与十几家国外出
版社签过出版协议，因翻译达不到他的要求而最终终止合

作的不在少数。

张炜与多语种出版商美国 PODG 出版集团签订的国际版权合作协议上，有这样一项条款：

译者的选择要经过作者认可。长篇小说每翻译一章都要给作者检查审核，作者觉得翻译不够好就推倒重来……

张炜自己也觉得，这样的苛刻可能"不近人情"，但这是维护文学表达完整性的需要，是对文学的尊重，更是对读者的尊重。张炜坚信："作家首先应该是一个有自尊的人，其次才有美好的写作。"

张炜的著作已有多种被译介到国外，美国 PODG 出版集团、哈珀·柯林斯（Harper Collins）出版公司、加拿大皇家柯林斯（Royal Collins）出版集团对《古船》《你在高原》《游走：从少年到青年》等 26 部作品译成多种语言，通过多种介质在全球出版。此前的国际市场上，《古船》和《九月寓言》都取得了极好的营销成绩。

2013 年 8 月 28 日，Eric Abrahamsen 的著作 *Mr. Zhang Wei, One of the Greatest Chinese Authors*（《张炜，中国最伟大的作家之一》）和英文书 *The Best Collection of Mr. Zhang Wei's Short Stories*（《张炜短篇小说精选》）同时首发。张炜是以长篇小说获得重要影响的，但 Eric Abrahamsen 认为他的短篇小说故事风格独特，文字雅致而特别耐人寻味。

在第二十届国际图书博览会上，山东作家群作为中国作家馆的主宾省嘉宾参加，张炜、尤凤伟、赵德发等实力派作家悉数登场。张炜尤其看重山东的青年诗群，因为诗是文学的心脏，它最终会决定一个地区的文学的爆发力和前途。

开展前夕，《中华读书报》专访了山东省作家协会主席张炜。

《中华读书报》（以下简称"读"）： 您的作品被翻译到国外的有哪些？最多的是《古船》吗？《你在高原》有无翻译意向？

张炜（以下简称"张"）： 从 20 世纪 80 年代中后期陆续译出了一些，最多的是《古船》。有些版本据说译得不错。但文学的地域性才是根本属性，不能过分看重洋人观感。《你在高原》也有翻译的意向，但毕竟太长了，这不是一时的事。

读： PODG 等四家海外公司在全世界推出您的 26 部作品版权，具体是怎样运作的？

张： 这是许多年前——大约五六年前的事情，有几家海外出版机构在翻译我的作品。近期也有这样的国外出版者。但是要有好的译者不容易，所以不能图快，慢慢来最好。已经出版的主要是《古船》《九月寓言》等长篇，有了几个语种。以后还会译出我另外的几部长篇，比如《外省书》

《丑行或浪漫》《刺猬歌》等。《你在高原》太长了，可能要更慢些才行。

读：您对作品的外译过程是怎么看的？遇到过什么问题？

张：我基本都是和大牌的出版社合作，都是最好的翻译家，仍然会遇到大量问题。翻译开始之后，我会找信任的朋友鉴定一下，结果发现有些是翻译故事不翻译语言，有些是故事都歪曲了。美国的一家出版社翻译《九月寓言》，翻译的错误太多，我放弃了；法文的《古船》翻译了十来年，和原著差距太大，也半途而废。十四五年来一直存在这样的情况，也因此终止了十几部作品的译介。也许容忍一下就出版了，但是我没法容忍，因为涉及对语言和文学的理解。不是我一点儿虚荣心没有，也不是见了外国人就皱鼻子，但是我必须做到清醒。

翻译家们的工作也有我赏识的地方，一位汉学家到我生活的地方，到《古船》写作的地方反复体味，这是很难得的。但也有个别态度傲慢、盛气凌人的西方中心主义者，这样的人还是不要合作为好。举这些例子，是说中国作品在国外翻译很困难，不能满足仅仅把故事翻译过去，还有语言层面、意境层面的翻译。因为我不仅写了山东半岛的传奇，这个传奇他们很觉有趣，如果只满足这个层面的翻译，忽略了我对语言的追求，读者再不会对作品有好印象。

读：为什么这么苛刻？

张：在写作方面我缺乏"伟大"的志向，所能做到的只是认真探求、自我苛刻。如果一个人总是随着世风和潮流去改变自己，不失时机地跟随和迁就，那就有可能成为另一种人生。

读：但是半途而废总让人觉得惋惜。我想您这样严格得近乎苛刻的态度，可能会得罪不少翻译家。

张：好的译者会理解我的。他们努力地翻译了，十分辛苦，我则给予配合。个别出版者草率地花一点钱找一个译者，翻译出去，不仅无意义，而且害处很大。优秀的翻译家一定是充分理解原创者的，他们也会是十分苛刻的大创作家。

永远不要忘记，国外其他民族的称赞虽然值得高兴，但不要当成标准，不要因此影响自己写作的品质。我更相信土地的理解力，它孕育了一代代读者，作者和读者的生命来自土地，土地给予作品生命力。

读：翻译过程中的"鉴定"起决定性作用，鉴定的标准是什么？由谁鉴定？

张：比如近期有两个语种的《古船》译本，我找两个人鉴定，他们都说翻译得不好，我就拒绝了。第三世界的某些作家有个通病，只为了让世界承认，其他的就不管了。交流当然很有意义，我也看重，但不过分看重。我觉得，离开了土地、离开了语境的文学，在遥远的国度、遥远的民族很难再现，美文不可译的规律很难打破。

读：能否谈谈您和翻译家之间的交流情况？您的作品在国外读者中接受情况如何？

张：他们从电子邮件上发来不解的问题，我就答他们。也有的翻译家好奇作品写到的环境，远远地从国外来到胶东半岛。我们交流得很愉快。对于作品在国外的命运，我关心不多。一个严苛地追求语言艺术的写作者，国外读者或许很难理解。诗性写作不会满足于一个"半岛传奇"，还有更多的蕴意。无论是《刺猬歌》还是《你在高原》，作品中有各种传奇，可是单说传奇，蒲松龄做得比我们好，如果翻译停留在传奇上就没有意义。

读：有没有比较成功的合作，可否分享一个经验？汉学家葛浩文在 2008 年就将《古船》翻译成英文，由哈珀·柯林斯出版社出版，据说英文版《古船》第一版 2 万册很快在美国售罄，之后又再版两次。

张：葛浩文在五六年前开始翻译《古船》，他有很好的文学素养，翻译很用心，美国的朋友和山师大的朋友看过他翻译的内容，认为翻译得很好。坂井洋史翻译《九月寓言》用了四五年时间，到龙口一带去了解、感觉作品的气氛，又花了半个月时间和我探讨一些疑问。所有成功的译者一定接近我写作的精神，尽可能一丝不苟，苛刻地对待每一个文字和标点。这是最重要的一种态度。

读：您的作品版权输出大概有几种情况？签订合同时，您一般会注意什么问题？

张：不外乎是汉学家找到作者翻译；还有些是出版社联系版权。有时作品出版了我都不知道，连样书都没有。签合同，版税不是最主要的，最主要的还是关注译者的情况。

读：中国文学的译介是中国文学走向世界的必经之路，您认为中国文学译介中存在什么问题？遇到了何种障碍？

张：不清楚。这不是什么大事。作品主要是写给本民族读者看的，变成了另一种语言，那是另创造。语言艺术经过了另创造，这意味着什么大家是知道的。东方的自卑心理表现在作品传播方面，而且会经历一段时间。外国读者怎么会成为根本的标准？创造成另一种语言怎么就更容易鉴定了？这是可笑的事情。

文学"走出去"并非一定是好事，如果"走出去"的尽是一些声色犬马、浮浅之物，反而会带来可怕的民族误解。比如，我们许多人对于俄罗斯民族的理解和尊重，很大程度上也是因为从小阅读普希金、托尔斯泰等大师作品的结果。可见关键不是"走出去"，而是什么东西正在"走出去"。中国文学目前完全不必要急于"走出去"，这是浮躁和不自信的表现。就我们所知道的一些西方国家的好作家来看，他们当中越是优秀者就越是安于写作。一个国家在艺术和思想方面的输出有一个自然而然的过程——强大的人格力量、追求和创造完美的巨大能力，这些东西震撼和感动了其他民族，才算是真正地"走出去"，也是对世界的贡献。

读：你作为颇具影响力的作家，想必经常参加国内外的交流。您认为这种交流效果如何？

张：我从 1987 年开始参加国外的图书博览会。国内的第一次中国作家馆我也参加过。我不赞成过多地谈论和号召"作家走出去"之类，这种焦躁和浮躁对文学写作是很不好的。我的书自 20 世纪 90 年代开始译出，陆陆续续在海外出版，但并不让我特别重视。因为中国作家的读者和理解者主要还在自己的民族。急于获得外国的承认，这是第三世界某些作家的通病。不能为了让外国人夸一句，就站没站相坐没坐相。作家首先应该是一个有自尊的人，其次才有美好的写作。

读：作为山东省作协主席，您如何评价山东作家群？

张：作家常常因为其强大的个人性、地域性而变得不可比较。再说文学是极为晦涩和复杂的，不是可以简单作比的。山东作家由鲁文化和齐文化哺育，所以是极为特别的。齐文化是一种实用主义、商业主义文化，也是一种开放的海洋文化，比较浪漫。而儒家文化是最反对实用主义的。受两种相当对立的文化直接影响的写作群体，在海内外还是极少见的。这也造成了山东作家的特别质地，是他们不可取代的方面。

　　山东作家以前有以王润滋为代表的新时期的重要作家群，那个时期的山东作家是举足轻重的，影响很大。现在出现了一大批优秀的中青年作家，他们十分扎实，一定会越走越远。特别是山东的青年诗群，是国内公认的最优秀的诗人群体。我们知道，诗是文学的心脏，它最终会决定一个地区的文学有多么大的爆发力、多么大的前途。看一个地区的文学，首先要看它的诗歌群体如何。

读：您的作品多数取材于山东半岛地区，在济南和在龙口的生活，对于您的创作过程或者作品本身有什么明显的影响吗？

张：我出生在海角上，那里的地方文化对我的影响是自然天成的，这大致不会是后天从书本的学习中所能得来的。对于创作而言，范本是不中用的，血脉里流淌的文化因子才是最根本的。我发现，越是年长，这地方越是让我怀念和留恋。这个意识很固执，以至于我常常觉得自己有一多半的使命就是为了讲述它，它的所有故事。一个生命比之诞生地，就好比海洋里的一滴水。谈个体与那片土地的关系，就是谈一滴水与大海的关系：一滴水既是微不足道的，又是包含了大海所有元素的。知识分子最终是在民间大地找到他的根，找到他的力量。济南和龙口更包括半岛地区，对我的写作有关键的意义。我是齐文化圈中成长起来的写作者，当然也受主流文化儒家文化的深刻影响。但是齐文化特别是东夷文化是渗透在血液中的，这也没有办法。现代城市生活是无法逃避的，有些也不需逃避。但是乡野生活的安宁对我有无比的诱惑力。向往那种理想的生活而不得，这是人生的痛苦。这种痛苦构成了我写作的另一种真实。

读：回忆您写作的 40 年，创作的风格或特征有没有明显的变化？

张：更早的时候，我受孙犁和屠格涅夫等作家影响较大。我对半岛林区野地海滩一带比较熟悉，所以写了许多那种自然环境下的生活。现在仍然在写，但与年龄有关吧，笔调或许不同。20 世纪 80 年代中期以前写了许多少男少女的生活，他们的痛苦和欢乐。到了 1990 年以后是《九月寓言》等，芦青河的奔流声可能不再那么清脆，像大河在雾气下的漫流。《柏慧》影响比较大，争论的声音也大。这时候中国社会的精神格局空前复杂了。

读：有的作家愿意反复阅读自己的作品，也有更多的作家写完
　　再也不愿意拿起来翻看。您属于什么情况？

张：对作品，我发表或出版前要反复阅读，多次修改，而后就
　　看得少了。但它们出版一二十年之后，我有可能再从头看
　　一两遍，从中感受生命在时间里的变化——蜕化、演化、
　　进步。可见这时不是为了修改。这次出版的年编，并非一
　　篇篇都从头看过，但印象较深的篇目仍旧要仔细看看。令
　　我感叹的是时间太快，比如 1973 年的作品吧，现在看仍然
　　楚楚如新——当年写它的心情如何、使用了什么纸张、怎
　　样抄写和修改，一切就像近在眼前。可是毕竟过了 40 年，
　　我从一个少年变成了中老年。

读：您曾经表达过：很少满意自己的作品。开始写的时候还算
　　满意，发表出来放一段就感到了不足。10 卷本《你在高原》
　　出版获得了很多荣誉，包括第八届茅盾文学奖，回过头来
　　看，有什么不足吗？

张：任何作品都是连带着缺憾走向成功的。这 10 部长长的书也
　　许应该比想象的更加芜杂才好。它很长，但还不够芜杂。
　　不过让我今天来写，也不见得会写得更好。它耗去了 22 年
　　心血，全力以赴地工作，走了多远的长路，有过多少不眠
　　之夜。它远非是自己的某个长篇单行本所能比拟的，甚至

也不是为这个浮躁的年代所写。这对我来说是一件值得做的大事情。

读：与以往的作品《古船》《九月寓言》相比，这部书在创作手法上，有没有突破？

张：它们还是那两部书的继续。作者要一直往前走，伴随阅历的增加，作品的内容和形式会有所变化，这是个自然而然的过程。作者是不会想到"突破"的，这是评论家才使用的两个字。

读：《你在高原》是为 20 世纪 50 年代出生的人"立传"，可是你同时又表达了自己对于这一代人独特性的怀疑，这种矛盾的心理，是否会影响作品的价值判断？

张：因为要表达对整整一代人的看法、一些判断和探究，哪怕心存稍微一点概括的企图，都会遭遇非常复杂的情况。所以矛盾和犹豫必然包含在其中，这才是真实的，而只有真实才能深刻。一些溜直嘎巴脆的豪情壮志固然可敬，但这往往不是接近实情的最好办法。

读：您觉得自己的写作，是越写越好吗？

张：写的过程，总要丢弃一些。单行本的长篇小说，第一本都铆足了劲，饱满，每一本都是做足了准备。但是也有问题，这些长篇覆盖了我的散文和中短篇。《蘑菇七种》被认为是"先锋的",是在艺术手法上深入探索的作品。这部作品写了我小时候生活过的林场的事情。单讲作品的所谓冲击力,应该是《古船》;单讲艺术上的探索性,当是《九月寓言》和《蘑菇七种》;单讲苍凉的人生经验,应该是《外省书》;单讲将 20 世纪以来的现代主义和古典主义的结合,似乎应该是《你在高原》。这只是我的努力,并不见得多么完美。

读:最近有消息说《你在高原》要改编,能具体说说什么情况吗?进展如何?

张:以前也有作品改编成影视,播出过。但文学作品变成影视作品,这是影视人的事情,与文学创作关系不大。其实这二三十年里,许多导演和编剧都想努力在银幕上再现我的作品,一直在努力。《古船》《九月寓言》《能不忆蜀葵》等都有编导在努力。我也希望他们成功,这会引起另一部分读者对原来文字作品的兴趣。

读:目前看,影响您创作——或对写作产生障碍的因素有哪些?

张:对作家写作造成致命影响的主要是现代数字世界的嘈杂。这种嘈杂太无聊太耗费生命了。一个人又无法堵住自己的耳朵和蒙住眼睛。也有人说这种生活有好的一面,也让人喜欢。那是他们的事情,我绝对不喜欢。我相信对许多人来说，突兀地来到了一个数字时代，在各种声音和文字的垃圾包围下喘息和生存，实在一点说，算是倒霉吧。

读： 在您的心里，您想成为什么样的作家?

张： 不为娱乐时代服务，不为事功所诱惑，怀着心灵的激动和热爱写下去，我想，当这样的一位写作者是幸福的。

（原载于《中华读书报》2013 年 8 月 28 日第 6 版）

中華譯學館 · 中华翻译研究文库

许　钧◎总主编

第一辑

第二辑